KB211135

수행으로 가는 길

이제열 지음

대원정사

재가불자를 위한 신행 지침서

수행으로 가는 길

머리말

한국불교는 1천6백여 년의 장구한 역사를 내달아오면서 찬란한 민족문화와 빼어난 민족정신을 이 땅에 일구어 왔다. 저 신라의 석가탑, 다보탑하며 영겁의 미소를 보내는 석굴암 부처님, 고려의 팔만대장경, 그리고 원효 · 의상 · 보조 · 서산 스님으로 이어지는 큰 사람들의 향기는 이 하늘, 이 산하를 살맛나는 터전으로 만들어 놓은 것이다.

그러나 오늘날 한국불교는 어딘지 모르게 그러한 생명력을 상실하고 자꾸만 초라해져가는 듯한 느낌을 받는다. 통계 수치상 한국에서 제일 많은 종교 인구를 점유하고 있다지만 실상 그 내면을 살펴보면 근래에 생겨난 어느 신흥종교만큼도 못할 정도로 구심력과 활력을 상실하고 있는 사태를 종종 접할 지경이어서 어처구니 없는 실소를 자아내고 만다.

수행체계는 너무나 방만하여 어느 길로 가야할지 아득하고 최상승법(最上勝法)이라 하는 참선을 해 보아도 마음에 답답함만 가득하다. 도대체 무엇을 믿고 어떻게 수행해야 할지 가닥이 좀처럼 잡히지 않는다. 사태가 이러하니 늘어나느니 맹목적 기복으로 무장된 불자들이요 거기에 편승하는 무리들이다.

요근래 이러한 구태에서 벗어나고자, 여러 단체에서 불교교양대학이나 교리강좌를 개설하여 신도들을 체계적으로 교육시키고 있다지만, 마른 지식만 주고받는 모양이지 뜨거운 종교적 열정을 찾아보기 힘들다. 불교를 이론으로만 알려고 할 뿐 실천이 없으니 알음알이만 더해 갈 뿐이요, 금방이라도 바람이 불어오면 날아가 버릴듯 허약하다.

불교의 목적은 법을 깨닫는데 있고 이를 위해 수행은 필수적이다. 하지만 우리 불자들의 수준은 아직도 법에 대한 간구심과 수행 의지는 결여된 채 세속적 기복과 이론불교에만 머물러 있다.

여기서는 현재 한국불교가 안고 있는 이러한 신행의 문제점을 지적하고 올바른 실천 방향을 제시해 보고자 하였다. 가령 기도의 의미와 발원, 진정한 귀의의 대상, 경전을 어떻게 읽을 것인가, 염불의 자세, 여러 가지 참선법, 보살도의 실천, 등등 생활 속의 수행법을 나름대로 정리해 보았다. 이러한 수행을 통해 올바른 신행관을 확립하여 궁극적으로는 깨달음의 길로 나아가게 될 것이다.

지금 우리는 다시 한번 마음을 가다듬어 불교의 본래 면목을 회복할 때이다. 그래서 한국불교가 이 땅의 밝고 맑은 정신으로 흘러 찬란한 문화로 열매 맺을 날을 기대해 본다. 이 책은 어쩌면 그에 대한 작은 모색일지도 모른다. 여러분들의 많은 경책을 바란다.

이 글은 월간 대중불교지에 3년에 걸쳐 기고했던 내용들을 모은 것이다. 이 자리를 빌어 대중불교 김희균 주간과 이렇게 소중한 한 권의 책으로 펴낸 대원정사 출판부 고명석 부장 및 편집부 직원에게 감사의 마음을 표한다.

1997. 9

유마선원에서 이 제 열

목 차

제1장
한국불교 변해야 한다

일관된 신행의 틀짜기

방만한 신행체계

"장애가 곧 깨달음의 길"이라고 한 『원각경』 말씀과도 같이 갖가지 시련과 굴곡의 과정을 겪으면서도 많은 결실을 거두고 있는 것이 오늘날 한국불교의 현실이다.

특히 신도들의 양적 팽창도 그렇거니와 질적 향상에서는 가히 눈에 띌 정도로 발전하였다. 사찰마다 각종 법회와 교육이 실시되고 도심 곳곳에는 크고 작은 규모의 포교당이나 불교 교육기관이 생기면서 신도 포교에 박차를 가하고 있다. 이러한 현상은 서울뿐만 아닌 지방에까지 확산되어 새로운 불교의 면모를 과시하고 있다. 더구나 불교방송국 출현에 따른 포교 효과는 실로 대단한 것이어서 지방 방송국과 유선TV방송국이 폭넓게 가동되면 그 파급 효과는 더욱 커지리라 생각된다.

하지만 이러한 일련의 향상 현상에도 불구하고 포교 일선에 직접 뛰어들어 포교당이나 불교 교육기관을 설치 운영해 보면 '아직도 멀었구나' 하는 생각을 하게 되는 것이 현 불교계의 현실이다.

특히 가장 심각하게 우려되는 것은 부처님의 가르침을 따르는 신도들 대부분이 불법에 대한 이해도가 너무 빈약하고 산발적인 데 있다는 점이다. 물론 불교의 교리가 너무 방대하고 심오하다보니 웬만큼 공부해서는 대의 파악도 제대로 할 수 없는 것이 사실이다. 아무리 알기 쉽게 설명을 한다 해도 신도들의 입장에서는 이해하기 어렵다.

그러므로 어떻게 하면 불교를 신도들에게 바르게 정립시켜 줄 것인가 하는 것에 초점을 맞추는 것이 가장 큰 과제라 할 수 있다. 자칭 통불교적 입장을 취하고 있는 한국불교는 다양하게 전개되어 있는 교리와 신행형태를 하나로 꿰뚫어 통일시켜주지 못하고 오히려 방만하고 복잡하며 어지러워서 본말이 없고 시종이 없다.

같은 종단을 표방하는 사찰인데도 각 절마다 예배법이 다르고 기도법이 다르고 수행법이 다르다. 법당에 들르면 수많은 불보살상이 모셔져 있는데 어느 분이 주불이고 어느 분이 보살인지 알 길이 없고 그 불상들이 대체 무엇을 뜻하는 것인지 구분하기조차 어렵다.

역사적 사실로서의 석가모니 부처님 외에 수많은 불보살의 명칭들은 어떻게 해서 나왔으며 상호간에 어떠한 관계가 있는 것인지 불교 전문가들이나 겨우 알 뿐이다.

얼핏 생각하기에 배가 아프면 내과의사에게로 가고 이가 아프면 치과의사에게로 가며 팔이 부러지면 외과의사에게로 가듯 중생들의 해탈을 위해 근기따라 몸을 나투신 모든 불보살의 신행형태도 이런 식이 되어 버렸다. 그래서 소원성취하려면 관세음보살 기도, 왕생극락하고 싶으면 아미타불 기도, 지옥가고 싶지 않으면 지장보살 기도, 법회 때는 석가모니불을 찾는 등 교체신(交替神)적이고 다신교(多神教)적인 종교로 변해 버렸다.

때문에 세속의 집착과 미망을 깨뜨리고 해탈 광명의 불세계를 이루라는 부처님의 말씀과는 거리가 먼 세속적이고 기복적이며 미신적인 틀을 벗어나지 못하고 있고 "법당은 수많은 귀신의 종합청사요, 석가는 그 우두머리"라는 혹평과 비방을 이교도들로부터 듣고 있다. 왜 이렇게 되었는가. 그 까닭은 무엇인가. 그것은 다름아닌 신도를 교화하는 스님이나 법사 등의 인도자들이 '해탈 중심적 교육'을 하지 않았기 때문이다. 즉 성불로 향한 의지와 믿음, 그리고 실천이 결여된 신행을 가르쳐 온 것에 그 원인이 있다.

해탈로의 일미성을 추구

불교의 궁극적 목표가 깨달음과 해탈에 있음에도 불구하고 대부분의 사찰과 스님들은 세속적 소원이나 받아주고 형상 불사의 공덕을 얻게나 하는 것으로 그친다. 불자라면 승속을 막론하고 깨달음을 얻기 위한 목적 하에 모든 신행활동이 이루어져야 될텐데 그 바탕이 없기 때문에 믿음의 뿌리가 견고하지 못한 게 우리 불교의 현실이다.

성불이니 깨달음이니 해탈이니 하는 것은 옛조사나 선사들이 이룬 것이고 출가한 스님들만이 가능한 것이라고 신도들 스스로가 한계를 지어 놓는다. 이것은 무엇보다도 심각한 이야기다.

　다른 종교인들의 경우, 믿는 목적이 분명하여 찬송하고 예배하며 헌금하고 전도하는 모든 일들이 오직 구원이라는 목표 아래 행해진다. 목사건 신부건 평신도건 이 점에서는 동일하고 확실하고 한결같다.

　불교인들에게는 이 점이 상실되어 있기 때문에 법에 대한 확신이 없고 포교력과 응집력이 부족하다. 이렇게 성불이나 깨달음을 구름잡는 남의 얘기로 던져 버리는 한 불교의 대중화는 기대할 수 없다.

　뿐만 아니라 혹 불자들 중에 올바로 발심하여 출가는 못했을망정 세속에서나마 자신도 큰 공부를 해 보겠다고 성불의 원을 세워 구도행을 일으켰어도 이들을 수행의 측면에서 지도하고 탁마해 줄 스승이나 인도자가 부족하다. 누가 올바른 스승인지 기준이 모호하고 가르치는 바가 모두 각각이라 어디다 마음을 바쳐야 할지 판단이 서질 않는다. 그나마 선지식이라는 분들은 만나뵙기도 어렵고 자신들마다 "내 방편이 으뜸이다"라고 가르치시니 구도의 방향을 잡기도 힘들다.

　"화두 참선이 으뜸이다"라는 스님, "『법화경』이 최고"라는 스님, "염불이 가장 수승하다"는 스님 등의 허구 많은 종지(宗旨)가 만발되어 있어 어느 문으로 들어가야 될지 쉽사리 접근하기가 어렵다. 그저 신도 나름대로 이 도량 저 도량 기웃대고 눈 밝은 스승 찾아 방황하다가 조그마한 마음의 빛이라도 보게 된다면 그나마 다행이다.

　그리고 요즘들어 많은 단체에서 운영하고 있는 각종 불교대학이니 기초강좌니 하는 것들도 그렇다. 맹신과 기복에 빠져 있던 신도들을 바르게 이해시키고 교육시키는데 큰 기여를 하고 있지만 이것도 역시 신행과 수행을 중심으로 신도 교육이 이루어지지 않고 있는 실정이다.

반야사상, 화엄사상, 법화사상, 유식사상, 선사상 등 그야말로 사상 교육으로 되어 머리를 통한 알음알이만 어지럽게 쌓일 뿐 가슴에서 일어나는 뜨거운 구도 의지와 보살도의 수행 실천력이 갖추어지지 못하고 있다.

이와 같이 우리 한국불교는 입으로 대승불교를 표방하면서도 신행의 면에서나 수행의 차원에서나 교리적으로 전혀 정립되어 있지 못한 채 삶 속에 용해되어 힘을 발하는 종교가 되지 못하고 중구난방식의 혼란하고 나약한 구습의 틀을 벗어나지 못하고 있다.

현재의 한국불교가 이러한 모습으로부터 진정으로 탈바꿈하기 위해서는 "여래의 모든 가르침은 해탈의 일미성에 있다"고 하신 부처님의 말씀에 바탕을 둔 신행관을 서둘러 정립시켜야 한다.

수많은 염주알이 하나의 끈에 의해서 꿰어져 돌아가듯 불교의 다양한 신행형태들을 하나로 귀결시켜 줄 수 있는 뚜렷한 종지가 신도들의 믿음에 형성되어야 한다고 본다.

한국불교, 변해야 한다
-출가자 중심에서 '나' 중심으로-

빈약하고 허술한 한국불교의 현실

한국불교를 대승불교라고 한다. 자신만의 깨달음에 머물지 않고 일체중생을 모두 깨닫게 한다는 세상에서 가장 고귀하고 위대한 사상, 아니 자신의 깨달음과 동시에 남의 깨달음까지도 최우선으로 하는 대승불교의 가르침을 우리 한국불교는 실천해 왔고 앞으로도 실천하겠다고 외치고 있다.

하지만 과연 그러한가? 우리 민족사에 가장 큰 영향을 끼쳐 왔다고 자부하는 불교는 진정으로 대승의 가르침을 온전하게 이 땅에 꽃피웠다고 말할 수 있겠느냐는 말이다. 필자의 왜곡된 견해일지는 몰라도 그 대답에 있어서는 "그렇지 못했다"고 말하고 싶다. 왜냐하면 불교가 비록 5천 년의 한국 역사 가운데 정치·사회·문화·사상적 측면에서 위대한 공헌을 해 왔고 지대한 역할을 해 왔다는 것은 결코 부인할 수 없는 사실이지만, 한국불교의 신행형태에서는 적지않은 부정적 요소를 발견할 수 있기 때문이다. 이게 무슨 소리냐 하면 한국불교를 객관적 시각에서 볼 때 겉모습으로는 화려해 보이고 풍부해 보일지 몰라도 실제의 내적 질에서는 빈약하고 허술하기 짝이 없다는 말이다.

여기서의 내적 질이란 주제넘게 출가하신 스님들을 가리키는 것이 아니라, 소위 대승불교의 주체라고 하는 불자 대부분의 신행구조를 가리키는 것이다. 1천6백여 년의 역사를 자랑하는 한국불교는 탁월한 문화유산과 걸출한 인재들을 수없이 배출시켰다. 『팔만대장경』과 불국사, 그리고 석굴암은 이미 세계인의 문화유산임을 국제적으로 인정받았고 원효·의상·원측·보조·서산·사명·경허·만공·성철 스님 등의 헤아릴 수 없이 많은 고승들은 우리 민족의 정신적 지주가 되어 왔다. 이는 참으로 자랑스럽고 대견한 일이다. 이러한 찬란한 문화와 인물들이 존재해 왔기 때문에 그래도 지금의 불교가 이 땅에서 숨을 쉬는 것이고 빛을 발하는 것만은 틀림없다.

저변으로 확산되지 못한 한국불교

그러나 위에서 언급한, 대승불교에서 말하는 중생을 중심으로 하는 신행구조적 측면에서 한국불교를 진단해 본다면 그렇게 자랑스럽고 만족스러운 것만은 결코 아니다. 대승의 가르침에서 볼 때 진리는 매우 보편적인 것이다. 진리는 어디에나 열려 있으며 누구에게나 주어져 있다. 다만 삶이라는 현상에 사람들의 마음이 가리워져 있어 보지 못하고 얻지 못할 뿐이다. 그런데도 이러한 진리가 이상하게 한국불교에는 한 곳으로 완전히 치우쳐 있고 닫혀 있다는 점을 발견하게 된다. 그 한 곳이란 다름아닌 출가 중심의 스님들이라고 할 수 있는데 이는 앞으로 우리 불교가 해결해야 될 가장 큰 숙제라고 생각된다.

우리가 이 점을 이해하기 위해서 다른 종교의 예를 들어보자. 기독교의 경우 불교인들의 입장에서 볼 때 그들의 신앙구조가 아주 독선적이고 편협한 것처럼 보이는 것만은 틀림이 없겠지만 그들이 추구하는 신앙의 목표와 의지, 그리고 행위만은 따라가기 어려울 만큼 견실하다. 그들의 신앙구조는 신도들을 가르키는 목사나 전도사와 같은 지도자들에 의해서 철저하게 교육되고 길들여져 확신된다.

이같은 현상이 얼핏 생각하면 불교와는 다른 교리 차이에서 비롯되는 것 같지만 절대 그렇지 않다. 그들의 신앙력은 엄밀히 말해 처음에는 목사와 전도사 등의 지도자들에 의해 형성되지만, 나중에는 독립적이고 주체적인 형태로 바뀌어 버린다. 그러다 보니 그들의 신앙구조는 자연히 목사·전도사 등 지도자 중심의 형태가 아닌 평신도 중심의 신앙구조가 이루어지게 되면서 목사와 같은 체험이 일어나고 확신이 생기고 응집력이 나타나는 것이다.

그들에게는 지식이나 사변이 그들의 지도자인 목사나 전도사와 같은 실력과 권위는 없을지 몰라도 그들이 믿고 목표로 삼는 신이나 천당, 그리고 실천력은 거의 같다고 볼 수 있다. 실제로 타종교의 방송이나 서점가를 접하거나 가보라. 구원받았다는 얘기가 수두룩하고 은혜받았다는 책이 산더미 같다. 그들의 방송이나 서적들에는 평신도들을 지도하는 목사와 전도사의 체험이나 은혜 얘기보다는 지도자들에 의해 잘 길러진 평신도들의 얘기가 주류를 이룬다.

그러나 불교의 경우는 어떠한가. 불교방송을 틀어 보고 불교서점을 찾아가면 모든 수행과정과 구도체험이 출가 스님들 일변도로 되어 있다. 독자들 중에 『고승열전(高僧列傳)』말고 『고속열전(高俗列傳)』을 듣거나 읽은 사람이 있는가 묻고 싶다. 어째서 자그만치 1천6백여 년이나 되는 역사를 지닌 한국불교에 스님들의 구도 역정을 다룬 일화는 그리 많으면서, 그것도 비구니 스님들은 없고 비구 스님들뿐이며, 평신도인 속인들의 구도 역정과 체험담은 나와 있지 않은지 매우 안타깝다.

속인들은 그렇게도 기나긴 불교 역사 가운데에서 고승들의 행적과 경지만 찬탄하고 부러워하고 우러르는 것으로 만족했다는 말인가. 아니면 스님들뿐만이 아닌 속인들도 수행을 하고 도를 깨달았는데 다만 그것이 드러나거나 전승되지 않았을 뿐이라는 말인가. 기껏해야 기록되어 전해오는 것은 부설거사와 김대현 거사뿐이고, 그 외는 부처님께 기도해서 소원 성취한 얘기, 절 짓고 시주해서 복받은 얘기뿐이니 이것이 대승불교를 해 왔다는 결과인가 말이다. 정말이지 우리 한국불교는 신행적 질, 특히 구도 의지와 여러 차원에서 스님들과 신도들과의 격차가 너무 심하다.

스님들이 기도나 법회 때 염불을 권하고 독경을 권하지만 신도들에 있어 그것은 한낱 주술적 차원이나 기복적 수준으로밖에는 받아들이지 못하고 있고, 스님들이 법상에서 팔정도(八正道)를 설하고 육바라밀(六波羅蜜)을 가르치지만 그것을 완전한 진리에 이를 수 있도록 끝까지 열어주지 않는다. 들으면

너무도 광대무변하고 심오해서 입이 딱 벌어지는 화엄도리(華嚴道理)나 법화
도리(法華道理)이지만 막상 그 경지를 어떻게 하면 도달할 수 있는가 하고 그
방법을 물으면 두리뭉실, 그저 정진 열심히 하라고만 할 뿐 뚜렷한 길이 제
시되지 못하고 있다. 그야말로 경지만 끝간 데 없이 높고 광활할 뿐 도달하
는 방법은 예리하고도 투명하게 제시되지 못하고 있어 가슴 속에 답답함만
가득한 채 이곳저곳을 기웃댈 수밖에 없는 신세가 그나마 올바로 발심한 몇
안 되는 신도들의 형편인 것이다.

암담한 불교교육의 현실

"일체중생이 실유불성(一切衆生 實有佛性)"이요, "일체중생이 개증원각(一切
衆生 皆證圓覺)"이라 하셨는데 어째서 이렇게 가는 길도 제대로 교육되어 있
지 않은지 정말로 이상하다. 마치 서울얘기 실컷 들려주고 가는 길은 알아서
가라는 식이 오늘날 불교교육의 현실인 것이다.

길이 많아서 못 가는 것인가. 길이 없어서 못 가는 것인가. 아니면 길을 몰
라서 못 가는 것인가. 달마 대사의 어록을 찾아봐도 혜능 대사의 법문을 읽
어 봐도 해탈한 경지, 깨달음의 경지는 뚜렷하게 설하셨는데 가는 방법은 찾
아 볼 수가 없다(마음 깨치면 부처라거나 무심이 도라는 논리는 경지를 경지로써
설명하는 것이지 방법을 설명하는 것은 아니다).

원효 대사의 『열반경종요(涅槃經宗要)』를 눈여겨 봐도, 의상 대사의 「법성
게(法性偈)」를 살펴봐도 열반에 이르는 구체적인 방법은 알 길이 없고, 해인

삼매(海印三昧)를 이루는 실질적 방법은 눈에 띄지 않는다. 읽고 이해하는 것으로는 마음에 차지 않아 도를 얻고 싶은 욕심에 방법을 찾지만 하근기 말세 중생인지라 알 길이 없다. 또 과거의 수많은 선지식들이 고행하고 스승을 모시고 참선을 해서 도를 깨달으셨다는데 그분들은 도대체 어떤 방법의 참선을 하셨는가.

정말이지 알고 싶다. 고승들의 일화 속에서 발견되는 것은 활활자재한 자유정신과, 피어린 고행을 감수하는 수행정신, 스승께 복종하는 헌신적 믿음이 고귀한 것임에는 틀림 없지만 이것들 역시도 스님과 스님끼리의 행각에 지날 뿐 정작 어떤 수행방법을 가지고 도를 깨달았는가에 대해서는 나와 있는 부분이 거의 없는 것이다.

그러다 보니 속인들은 그저 스님과 스님끼리의 행각, 출가세계의 살림살이만 마음 속의 모델로 삼은 채 중생의 삶을 지속할 수밖에 없는 현실이다. 다시 한번 말하지만 우리 한국불교는 이렇게 보편적으로 살아가는 신도 중심의 수행과 깨달음에 촛점이 맞추어지지 않고 출가하신 스님들께만 편중되어 있음은 물론, 불교의 궁극적 세계인 깨달음의 자리에 도달하는 구체적인 방법을 신도들은 올바로 지도받지 못하므로 인하여 대승불교의 이름을 무색하게 하였던 것이다.

뿐만 아니라 이런 문제는 다시 다음과 같은 면에서도 찾아 볼 수가 있다. 이른바 우리 한국불교는 과거로부터 종파라는 것이 있었다. 신라시대나 고려시대부터 세워지고 전승된 오교(五敎)와 양종(兩宗)이 그것인데 이러한 종파가 세워지고 유지된 것도 대승적 신앙구조의 측면에서 살펴보면 적지 않은 아쉬움이 있다는 점이다.

군더더기 같은 예를 또 들어서 말하는 것 같지만 기독교의 경우도 이미 그들 종교가 일어난 초창기부터 여러 파가 생겨 오늘날에는 수백 개의 교파로 갈라졌지만 그 교파는 모두가 지도자라고 할 수 있는 목사나 전도사와 그들을 따르는 평신도들이 하나로 융화된 신앙구조 속에서 발전하고 확산되어 왔다.

하지만 우리 불교의 종파는 그렇지 못하다. 불교의 종파는 덕 높으신 큰스님과 그분을 따르는 스님들만이 주축이 되어 만들어지고 유지되어 왔을 뿐 정작 교화 대상인 신도들은 소외된 채로 존립해 왔다. 이는 한 마디로 말해 한국불교의 종파가 스님들을 주축으로 한 승단적 종파였지 신도들과 하나된 대승적 종파가 아니었다는 뜻이다.

이로 인해 종파의 근거가 되는 종지와 그에 따른 수행방편 역시도 자연히 스님들의 전유물밖에는 되지 못하였고, 법회니 결사(結社)니 하는 것도 스님 중심의 행사와 운동밖에는 되지 못하였던 것이다. 그리고 바로 이 점은 한국불교 신도들의 신행구조에 수행목표를 결여시킨 결과를 가져 왔다고 볼 수 있는 것으로 지금까지도 문제가 되고 있다.

한국불교의 질적 변화를 위해

종교란 그 종교 나름대로 특성을 지니고 있는 것은 사실이다. 불교도 불교

나름대로의 교단적 특성을 가지고 있는 것은 충분히 인정한다. 하지만 모든 종교는 종교를 이끌어가는 지도층의 신앙적 확신과 행동에서만이 존재하는 것은 아니다. 종교는 그 종교를 책임지고 있는 지도자의 의식과 행동이 그 종교를 따르는 평범한 신도들에 똑같이 확신되고 행동화될 때 생명력이 있고 활동력이 있는 것이다. 하지만 유감스럽게도 한국불교의 종파는 예로부터 출가 스님들만을 위한 상층구조적 단체였지 평범한 신도들을 향한 하층구조적 단체는 아니었다.

과거의 고승들이 비록 도가 높아 하나의 종파를 세우고 하나의 종지를 주창하였다고 하지만 그것이 과연 그 시대를 살아가던 일반 중생들에게도 큰 영향을 끼쳤다고 할 수 있는가?

신라시대, 고려시대 때의 열반종(涅槃宗)이니 남산종(南山宗)이니 화엄종(華嚴宗)이니 법상종(法相宗)이니 법성종(法性宗)이니 하는 각 종파는 실로 얼마만큼이나 농사짓고 장사하는 일반 서민들에게 수행의 영향을 주었을까 하는 질문을 낳게 한다. 그리고 유감스럽지만 이러한 현상은 지금도 마찬가지라고 생각되는 것이다. 따라서 많은 사람들이 한국불교는 변화해야 한다는 말을 하고 있다.

그렇다. 우리 한국불교는 변해야 한다. 변화란 양이 아니라 질이다. 한국불교는 이제 신도들의 신행구조에 대한 질적 변화를 가져와야만 한다. 그런 의미에서 필자는 그동안 불자들에게 수행을 통한 질적 변화를 요구해 왔고 나름대로의 수행방법을 설명해 왔다.

이제 한국불교는 수행운동이 일어나지 않고서는 안 된다고 보는 것이 대다수의 견해다. 수행은 자발적이고 주체적인 의지에 의해서 가능하다. 우리가 삼보를 받들고 공양하는 것도 자기 자신에게 수행적 가치관을 심어주고 해탈의 길을 지도해 줄 때 가치가 있는 것이다.

기도의 바른 대상과 발원

불교 신행에 대한 반성

삼성각(三聖閣), 글자 그대로 세 분의 성인을 모신 집이다. 아직도 불교 신행의 대상처로 굳건히 자리하고 있는 이 삼성각에는 산신, 칠성, 독성이 나란히 살고 계신다.

불보살님에 비해 조금도 뒤지지 않는 존경과 귀의를 받고 있는 이 세 분의 성인은 명산 대찰은 물론 도심의 포교당에서도 그 위엄을 떨치고 있다. 어떤 스님이나 신도들은 이분들이 중생의 소원을 성취시켜주는 데는 불보살님보다 훨씬 빠르다고 말한다. 그래서인지 산신 기도, 칠성 기도, 독성 기도를 할 때에도 부처님 앞에서 하는 것처럼 오체투지를 하고 지심귀명례를 외치고 불공이라는 말을 쓰기도 한다.

'지심귀명례 성개한적 만덕고승 산왕대신(至心歸命禮 性皆閑寂 萬德高勝 山王大神)'이라든가 '지심귀명례 삼태육성 주천열요 칠원성군(至心歸命禮 三台六星 周天列曜 七元聖君)'이라든가 '지심귀명례 천상인간 응공복전 나반존자(至心歸命禮 天上人間 應供福田 那畔尊者)'라든가 하는 것이 그것이고 '산신 불공·칠성 불공·독성 불공'이 그것이다. 내노라 하는 어떤 큰스님이 산신각 낙성식에 참석하여 오체투지를 하고 축원하는 모습을 본 일이 있다. 그런데 한국불교의 현실 속에서 지금도 행해지고 있는 이러한 신행형태들이 과연 옳은 것일까. 그것도 방편이라는 구실 아래 부처님의 정법이 좁슬고 '중생들 근기 따라' 라는 미명 아래 불교의 앞날이 어둡지는 않을는지 한번 반성하고 진단해 봐야 될 것이다.

산신·용왕·칠성 신앙

잘 알다시피 불교의 신행 대상은 삼보(三寶)이다. 삼보야말로 우리 중생의 유일한 귀의처요 안식처이다. 이 삼보에 대한 믿음이 얼마나 견고하고 깊은 가에 따라 깨달음의 가부가 결정된다.

그래서 스님과 불자들이 맨처음 발심하여 계를 받을 때 "제가 지금부터 성 불에 이르기까지 차라리 신명을 버릴지언정 신이나 외도의 무리들에게 절대로 귀의하지 않겠나이다"하는 내용의 발원문을 염송하게 되어 있다. 오로지 부처님과 가르침과 교단에 목숨 바쳐 귀의할 뿐 이라고 맹서한 것이다. 그러나 한국불교계는 아직도 목숨 바쳐 귀의한다는 뜻을 지닌 '지심귀명례(至心歸命禮)'를 아무 곳에나 대고 하고 있다. 그것도 출가한 스님의 집전 아래 하 계의 여러 신들, 예컨대 칠성신, 산신, 용왕신들을 향하여 스스럼 없이 행해지고 있다.

한번 살펴보자. 칠성과 산신과 용왕이 어디 성인인가. 칠원성군(七元聖君),

산왕대성자(山王大聖者), 용왕대성(龍王大聖) 하면서 '성스러울 성(聖)' 자를 붙여주다니, 그리고 칠성과 산신과 용왕이 어디 부처님인가. 부처 불(佛)자를 붙여놓고 '칠성 불공·산신 불공·용왕 불공' 하니 말이다.

혹자는 칠성 신앙이나 산신 신앙도 하나의 불교 신행이 아니냐고 반문할지 모른다. 즉 칠성 신앙 속에는 치성광여래(熾盛光如來)라는 부처가 나오고 일광보살(日光菩薩)과 월광보살(月光菩薩)이 나오기 때문이다. 산신 신앙 속에도 영산석일여래촉(靈山昔日如來囑, 부처님께서 영축산에서 일찍이 산신에게 당부하셨다는 뜻)이라는 말이 나오는 것을 보아 예배와 불공을 올려야 된다고 주장한다.

그러나 우리나라의 칠성과 산신은 토속신앙의 한 대상이었음은 두 말할 필요가 없다. 옛날 사람들은 생활을 함에 있어 세 가지 영향을 가장 많이 받고 살아 왔다. 하늘과 산과 물이 그것이다. 따라서 사람들은 자연히 이 세 가지를 두려워하여 인격화하고 신격화시키면서 신앙의 대상으로 만들어 버렸다. 그것이 바로 칠성이고 산신이며 용왕이다.

불교는 이 땅에 전래되면서 이 토속신앙과 함께 융합되었고 오늘날까지 절에서 이들 신앙이 받들어지고 있다. 그런데 좀 이상한 것은 우리나라에서 자연발생적으로 파생된 이 칠성·산신·용왕 등의 신앙대상들이 불교 속에서 어찌된 일인지 모두 중국신, 인도신의 이름으로 나타나 있는 점이다.

인간계의 길흉화복을 주관한다는 일곱 개의 별신왕들인 칠원성군의 명칭을 보면 모두가 도교에 나오는 중국신의 이름에서 따온 것들이다. 천추성의

27

탐랑성군, 천선성의 거문성군, 천기성의 녹존성군, 천권성의 문곡성군, 옥형성의 염정성군, 양성의 무곡성군, 요광성의 파군성군이 그렇다. 산신에 대해서도 불교의식집인 『석문의범(釋門儀範)』 '산신청(山神請)'을 보면 그 명칭이 모두 중국 도교의 영향 아래 지어졌음을 알 수 있는데 거기에는 '후토성모, 오악제군, 안제부인, 익성보덕진군'이라는 이름이 나오고 있다.

용왕 신앙은 불전에 나오는 8대 용왕을 받드는 것인데 불교 호법신중의 대표적 신이다. 이름이 사가라용왕, 화수길용왕, 덕차가용왕, 아나발다용왕, 마야사용왕, 우바나용왕인 이 신들은 한국불교에서는 운우조화를 일으키고 강과 바다를 지키는 수신(水神)으로 위하면서 수륙천도재나 방생법회 때의 기도 대상으로 삼고 있다. 이 용왕 대신들은 인도에서 유래된 신들이지 한국 토속신앙의 용왕들은 아니다.

이렇게 볼 때 한국불교의 절은 자연발생적으로 나타난 토속신앙에 중국 도교의 신이나 인도의 신 이름을 붙여 놓고 불교식의 공양을 올리는 장소가 되어 버렸다.

한국의 신인지 중국의 신인지 인도의 신인지도 제대로 정립이 안 된 한국불교의 신앙구조는 신도들을 지금까지 미혹하게 하고 있다.

현 불교계의 신행구조는 분명히 무엇인가 잘못되어 있다. 신도들의 믿음이 삼보라는 뚜렷한 목표를 향해 형성되지 못하고 수많은 형상과 그림, 그리고 명호들 앞에 이리 찢기고 저리 찢긴 산란한 믿음만이 아직도 주류를 이루고 있는 것이다. 천불, 만불, 불보살의 형상 모시는 것도 모자라서 산신·칠성·

용왕까지 모시고 죽은 영가들까지 벽에 도배하듯 모신 절 법당의 분위기는
현란, 괴기 그 자체이다.

신을 귀의시키는 불교

엄밀히 말해서 불교에서 볼 때 신(神)은 어떠한 속성과 능력을 지녔건 간
에 중생이다. 설혹 우주를 창조한 신이 있더라도 불교에서는 미혹한 존재요,
불완전한 존재로밖에 보지 않는다.

왜인가. 법을 알지 못하기 때문이고 해탈하지 못했기 때문이다. 그래서 부
처님께 귀의한 불자는 신에게 오체투지를 하거나 지심귀명례를 하지 않도록
되어 있다. 경전에 보면 수많은 신들이 오히려 부처님께 귀의했고 법에 귀의
했고 스님께 귀의했다. 우주의 창조주라 일컫는 대범천왕(大梵天王)도 부처님
께 귀의했고 천계의 왕이라 일컫는 제석천왕(帝釋天王)도 부처님께 귀의했다.

이같이 높은 신들도 삼보에 귀의해서 예배를 하였는데 어찌 우리가 신들
중에서도 그 위치가 아주 낮은 지상의 신들을 향해 오체투지를 해야 하는가
말이다.

다른 종교에서는 인간이 신에게 귀의한다. 그러나 불교에서는 신이 부처님
께 귀의한다. 이 세상에 신을 귀의시키는 종교는 불교밖에 없다. 신들까지도
귀의시켜야 할 종교로서의 불교는 그 위대성을 망각한 채 오히려 신들에 집
착해 있다. 부처님은 인간뿐만 아니라 신의 한계마저도 뛰어넘으신 분이다.
그래서 부처님을 천중천(天中天)이라 한 것이고 세존(世尊)이라 한 것이다.

따라서 부처님의 법을 따르는 스님의 위치는 당연히 신들로부터 공양을 받을 자격이 있다. 그러나 우리 불교계는 귀의 받아야 할 자가 귀의를 하고 있다. 이 문제는 소홀히 다룰 사항이 아니다. 왜냐하면 그것은 현재의 한국 종교상황에서 신을 중심으로 하는 타종교와 깨달음을 중심으로 하는 불교와의 역학 관계와 밀접한 관련이 있을 수 있기 때문이다. 신에게 귀의하느냐, 신을 귀의시키느냐에 따라 산신 신앙, 칠성 신앙, 용왕 신앙이 형성되느냐 아니냐를 결정한다.

수행에 입각한 기도와 발원

물론 절에 모셔진 여러 신들이 불법을 옹호하고 가람을 보호하며 삼보를 호지하는 호법 신중들인 것만큼은 사실이다. 하지만 이들을 대함에 있어 부처님과 같은 격(格)을 쓰고 불공과 같은 용어를 쓰는 일은 재고해야 될 줄로 믿는다. 오체투지 대신에 반배의 예를 갖추고, 불공이라는 용어는 빼고 그냥 칠성 공양, 산신 공양, 용왕 공양이라고 해야 함이 옳을 것이다.

거기에다가 또 한 가지, 불교 교리상으로나 예절상 전혀 법도에 맞지 않는 천부당한 일은 독성을 산신이나 칠성과 동일한 선상에서 숭앙하고 있다는 점이다.

나고 죽는 윤회의 흐름으로부터 완전히 벗어나 삼계의 모든 유정들로부터 온갖 공양을 받을 만한 크나큰 경지를 누리고 계시는 이 독성을 신계(神界) 중에서도 하계의 영기(下界靈氣)에 속하는 칠성과 산신 계열에 함께 모셔둔다는 것은 정법의 정기를 흐리고 불법의 수행경지마저 왜곡되게 만드는 파불 행위라고 말할 수 있다.

여기서 필자는 예로부터 불교 속에서 면면히 섬겨온 칠성과 산신·용왕 등을 무조건 배척하고 무조건 힐난하자는 것은 아니다. 그 속에도 나름대로의 순수성은 있는 법이고 역할은 있는 법이다. 다만 이러한 신앙들을 정법의 입장에서 분명히 가려내어 선후를 바로잡고 그 위상을 정립시켜야 한다는 말을 하고 싶은 것이다.

"세존이시여, 내 섬김이 믿음과 지혜를 혼탁하게 만든다면 나는 그것을 그만두겠습니다. 받들어 섬김으로 말미암아 믿음과 지혜가 충만해질 때 비로소 그 가치가 존귀해지기 때문입니다"라는 『중아함경』의 가르침에 입각하여 이제 우리 불교 신도들도 그 믿음의 질을 높여야만 한다.

체로 칠건 쳐서 걸러야 된다. 한 곳을 향한 믿음, 미혹이 없는 믿음, 정법에 입각한 믿음만이 진실로 자신을 기쁘게 하고 이익되게 한다. 바른 법에 대한 안목을 기르려 하지 않고 부질없는 유위의 복을 탐하여 산신 기도를 하고 칠성 기도를 한다면 끝내 생사의 험로를 벗어나지 못한 채 세세생생 고통을 면치 못할 것이다.

더구나 만에 하나 집착을 가지고 얽매이는 산신 기도와 칠성 기도 등에 빠질 경우 기이한 영적(靈的) 현상이 일어나 사도(邪道)가 되거나 무병(巫病)에 걸릴 우려도 있다. 무분별한 산신 기도, 칠성 기도, 용왕 기도 등은 되도록 삼가하고 불보살님과 삼보전에 믿음을 두어 수행에 입각한 기도와 발원을 하는 것이 좋다.

　"능히 바른 믿음을 지키면 집안은 화목하고 평안하며, 자연히 복이 이른다. 그것은 신(神)이 내려주는 것이 아니다"라고 제자 아난다에게 하신 부처님의 말씀을 항상 되새기며 정진하는 자세를 지녔으면 한다.

이것이 선(禪)이다

선(禪)이란, 불법의 진수를 깨닫기 위해서 필수적으로 닦아야 될 수행요체다. 방대한 8만4천 부처님 말씀이 아무리 심오하다 해도 선(禪)이 없다면 무슨 소용이 있으랴.

진수성찬도 먹어야 배가 부르고 맑은 물도 마셔야 갈증이 멎듯 불교는 선에 의해 비로소 체험되고 완성된다. 착한 행을 지어 일체중생을 이롭게 해도, 굳센 믿음과 정성으로 불탑을 조성해도 선수행이 없다면 유루(有漏)의 공덕을 면치 못하고, 천배 만배 절을 하고 온갖 경전에 통달을 해도 선수행이 없다면 대해탈의 관문 또한 뚫을 수가 없으니 선의 중요성은 아무리 강조해도 지나침이 없다.

사실 불교의 온갖 수행 방편은 모두 선으로 귀결된다 해도 과언이 아니다. 따지고 보면 우리 불자들이 행하는 예불(禮佛)·간경(看經)·주력(呪力)·참회(懺悔) 등도 다 선의 범주 안에 드는 것인데, 많은 사람들이 이 점을 이해하지 못하고 앉아서 하는 호흡관이나 화두선만이 선이라고 여기는 것은 그릇된 판단이 아닐 수 없다. 뒤에 언급하겠지만 어떤 방법으로든 자신의 마음을 집중적으로 관찰하여 번뇌를 타파하고 지혜를 드러내게만 한다면 모두 다 선이 될 수 있는 것이다.

달마 대사의 '관심일법 총섭제행(觀心一法 總攝諸行 : 모든 수행은 하나의 마음을 관찰하는 것에 포함된다)'이 그것이다. 그러므로 염불하면 염불선(念佛禪)이요, 경 읽으면 간경선(看經禪)이요, 다라니 독송하면 주력선(呪力禪)이다. 다만 이러한 방편들을 얼마만큼 바른 소견을 가지고 올바르게 집중적으로 행할 수 있느냐에 큰 차이가 있을 뿐이다.

하지만 이렇게 보편적인 선이 왜곡되어 종파적인 데에 머무른 나머지 아전인수격의 고집스런 선으로 변질되어 한국불교의 주류를 형성하고 있다. 이는 참으로 반성해야 될 점이다. 중국 종파불교의 영향을 지대하게 받은 우리나라의 불교는 선의 기원에 있어 그 유명한 삼처전심(三處傳心)에 근거를 둔다.

삼처전심의 허와 실

삼처전심이란 부처님께서 언어 이외의 비밀한 가르침을 오직 상수제자인 가섭 존자에게 세 곳에서 전해 주셨다는 내용이다. 이것을 교외별전(敎外別傳 : 교 밖에 따로 전함) 혹은 격외선전(格外禪傳 : 교리의 틀을 벗어나 부처의 마음을 직접적으로 전함)이라고 하는데 그 세 곳은 다음과 같다.

첫번째가 영산회상거염화(靈山會上擧拈花)이다. 영산은 기사굴산(耆闍掘山, Gijjhakūta)이라 음역하는데 뜻으로 옮기면 영취산(靈鷲山)이 된다. 이 산은

34

중인도 마다다국의 수도 왕사성 동북쪽 10리 지점에 있는 산으로 부처님은 이 산에서 『법화경』을 비롯 많은 법문을 설했다. 어느 날 이 곳에서 설법을 하는데 하늘세계의 범천왕이 금빛 연꽃을 한 송이 꺾어 부처님께 바치니 부처님께서는 묵연히 꽃을 들어 대중에게 보였다. 모인 대중들은 영문을 몰라 어리둥절하는데 오직 가섭 존자만이 그 뜻을 알아 채고 홀로 빙긋 웃는다. 이에 부처님은 "나에게 바른 법의 눈과 열반의 묘한 마음이 있으니 형상 아닌 참 모습이라. 미묘한 법문은 문자로 된 것이 아니니 교 밖에 따로이 가섭 그대에게 부촉하노라"하신다.

두번째는 다자탑전 분반좌(多子塔前 分半座)이다. 다자탑은 중인도 바이샤리〔毘舍離, Vaiśali〕서북쪽에 있는 탑이다. 부처님이 이곳에서 설법을 하실 때 멀리서 수행하고 있던 가섭 존자가 거지 같은 행색을 하고 뒤늦게 법회에 참석한다. 많은 대중은 이를 못마땅히 여겼지만 부처님은 당신이 앉았던 자리를 반쯤 내주어 함께 앉게 하신다.

세번째는 사라쌍수 아래 곽시쌍부(沙羅雙樹下 槨示雙趺)이다. 부처님께서 세상의 몸을 다하시고 북인도 쿠시나가라 사라 나무 사이에서 반열반에 드시니 숲이 하얗게 변했다고 한다. 반열반에 드신 부처님의 육신을 관에 모셔 두었는데 타지방에서 늦게 돌아온 가섭 존자가 관을 돌면서 애처로워하자 부처님은 관 속으로부터 두 발을 내보이신다.

이렇게 세 번에 걸쳐 부처님의 깨달음의 정수를 전수받았다는 가섭 존자는 선종의 초조가 되었고 그 이후 오랜 기간동안 계승되어 오다가 드디어 28

대 달마 대사에 의해 중국에 전승되었다고 한다.

그런데 여기서 꼭 짚고 넘어가야 될 문제가 있다. 그것은 다름아닌 불교의 선이 정말 삼처전심으로부터 기인된 것인가 하는 부분이다. 가섭 존자를 기점으로 한 27대까지의 인도 조사들의 계보는 정말 얼마만큼의 확실성이 있는 것일까. 현재 선가(禪家)에 알려진 삼처전심의 사건과 인도 조사들의 계보는 후대에 중국 선사들에 의해 만들어진 위경(僞經 : 부처님이 설하신 것처럼 꾸며낸 경)이며 위설(僞說)이라는 점은 이미 세계의 불교 석학들에 의해서 밝혀진 얘기들이다. 인도의 산스크리트(梵語) 문헌 가운데는 이와 같은 내용과 기록이 없고, 중국인의 실천적 상상력이 그들에게 맞는 선을 창조했다고 보는 것이다.

그렇다고 해서 그 내용과 과정들이 부처님의 근본 뜻과 위배가 되느냐 하면 결코 그렇다고는 볼 수 없다. 깊고도 오묘한 불법의 세계에서는 진실을 깨닫게 하기 위한 방편을 얼마든지 창조해 낼 수 있다. 또한 부처님께서 도달한 경지에 들지 않고는 결코 그처럼 훌륭한 경전들이 출현할 수 없기 때문이다. 다만 그것을 역사적 실제 사건으로만 여겨 자신이 유일한 법의 계승자인양 착각한다면 큰 잘못이라는 것이다.

그러므로 한국불교의 선종은 중국으로부터 시작된 법맥으로 보면 그 정당성과 전통성이 인정될지 모르나, 부처님 당시의 법맥이 계승되었다는 믿음과 주장에는 좀더 참구해 볼 여지가 있다. 이제 우리나라의 불교도 시야를 넓혀야 하기 때문이다.

세계의 불교가 학문적으로나 수행적으로 많은 연구와 발전을 거듭하고 있는데 유독 한국불교만이 스스로만 최상승선이요, 대승선이요, 정통선이라고 고집해서야 되겠는가 하는 말이다.

외도선과 반야선

그렇다면 불교의 선은 과연 언제부터 시작되었는가. 그리고 그 방법은 어떠한 것인가. 이 점을 이해하기 위해서는 우선 부처님의 구도시절을 말하지 않을 수 없다. 잘 알다시피 부처님께서는 보리수나무 아래에서 도를 깨달으시기 전 6년 동안 고행을 하셨다고 전해진다.

그 기간 중에 부처님은 두 사람의 스승을 만났다. 고행을 가르치는 웃다라카 라마풋타와 선정을 가르치는 알라라 칼라마가 그들이었다. 한 사람은 육체의 고통을 통해서 마음의 자유를 얻겠다는 사람이고, 다른 한 사람은 마음 집중을 통하여 자유를 얻겠다는 사람이다.

부처님께서는 이 두 스승을 통하여 비상비비상처정(非想非非想處定)과, 무소유처정(無所有處定)을 모두 익히셨다.

그러나 고행주의와 선정주의는 결국 해탈에 이르는 바른 길이 아님을 아시고, 홀로 독자적인 수행방법을 발견한 하루만에 보리수 아래에서 대각을 성취하셨던 것이다. 그러면 알라라 칼라마에게서 수행했던 선정과 부처님의 보리수 밑에서 드셨던 선정과의 차이점은 무엇일까. 한마디로 알라라 칼라마에게서 얻은 선정으로 깊은 정신적 몰입에 들 수는 있었으나, 해탈에 있어서 가장 중요한 반야(prajñā : 크나큰 지혜)는 열리지 않았다.

깊은 몰입적 삼매 속에서는 모든 생각과 번뇌가 다 사라진 것 같지만 삼매에서 나와 일상으로 돌아오면 다시 번뇌가 일어나므로 입정과 출정(入定과 出定 : 선정에 들어가고 선정에서 깨어남)의 상태가 한결같지 못하다. 즉 반야를 드러내지 못하는 선정은 그 경지가 아무리 깊더라도 해탈에 이른 것은 아니라는 것이다. 부처님은 이를 외도(外道) 선정이라 하여 '선정주의(禪定主義)'라 비판하셨다.

부처님이 발견하신 선정은 반드시 반야를 낳게 하는 수행법이다. 반야야말로 나고 죽음과 일고 꺼짐이 없는 해탈의 자리이다. 이렇게 중요한 차이점을 오늘날 선을 수행하는 사람들은 미처 알지 못하는 것 같다.

부처님이 발견하시고 체험하신 선정은 단순한 몰입적 선정이 아니다. 여기에는 반드시 관법이 병행된다. 즉 관찰과 집중을 동시에 하는 선정이다. 선(禪)은 마음 관찰이라는 뜻이고 정(定)은 집중이라는 뜻을 가지고 있다.

이것을 비파사나(vipaśsana)에 의한 사마디(sammādhi)라 한다. 이 관법에 의한 선정은 외도의 선정처럼 깊은 정신적 몰입을 필요로 하지 않는다. 왜냐하면 몰입 때문에 반야가 열리는 것이 아니라, 관찰하기 때문에 반야가 열리기 때문이다.

불교의 수행은 선정과 반야가 동시에 나타나는 것이 그 특징이다. 그래서 정혜쌍수(定慧雙修)라고 한 것이다.

이러한 정혜쌍수의 수행은 꼭 생활을 떠나서 한다거나 하던 일을 멈추고 하지 않고 일상 가운데에서도 가능하다는데 우리에게 큰 희망을 준다. 그리고 이러한 수행은 팔정도(八正道)의 가르침에서도 찾아볼 수 있다.

부처님께서는 항상 "여래의 거룩한 법은 오직 팔정도의 실천에서만이 가능하다"라고 하셨다.

불교의 모든 수행법은 이 팔정도에 근거해서 설해져 있으므로 팔정도야말로 정도(正道)와 사도(邪道)를 판가름하는 중요한 잣대가 된다. 바른 견해(正見)·바른 의지(正思)·바른 언어(正語)·바른 행위(正業)·바른 생활(正命)·바른 노력(正精進)·마음 관찰에 의한 바른 집중(正念), 그리고 그 집중이 계속됨(正定)이 팔정도인데, 여기서 선정에 해당되는 가장 중요한 부분이 바로 정념(正念)과 정정(正定)이다. 이 정념(正念)과 정정(正定)이 합하여 선정(禪定)이라는 불교의 용어가 나왔고, 여기에 근거하여 비파사나·안나파나(호흡 관찰)·염불·주력·염송 등의 다양한 수행방법들이 파생하게 된다.

후에 중국불교의 선종에서 출현한 화두선(話頭禪)이나 묵조선(默照禪)도 이 범주에 근거해서 만들어진 훌륭한 수행방편임은 두 말할 나위 없다. 우리나라의 선지식중 어느 분은 "석가모니 부처님이 보리수 밑에서 화두를 잡고 수행하셔서 도를 성취하게 되었다"고 호언장담하는 분이 있다. 역사성이 무시된 이와 같은 주장은 단지 웃어넘기기에는 너무나 안타까운 상황이지 않는가?

부처님이 하신 수행법은 안나파나(anāpāna : 호흡 관찰)에 의한 비파사나였지 화두를 잡으신 것도, 단전호흡을 하신 것도, 요가를 하신 것도 아니다.

그러므로 우리는 좀더 선에 대한 근본 입장을 폭넓게 이해하고 접근해야 한다. 그리고 나서 각 경전에서 설하신 모든 수행방법을 바르게 이해하고 실천해야 할 일이다.

'불립문자' 라는 문자

엄밀하게 말해서 불교의 선은 진리를 깨닫게 하는 구체적인 실천방법이다. 삼처전심설처럼 방법은 없고 경지만 서로 주고 받는 것은 아니라는 말이다. 삼처전심설은 '말길, 뜻길 다 끊어진 깨달은 경지'를 인정해주는 인가(印可) 설법은 될지언정 선을 닦는 방법을 설해 놓은 것은 아니지 않은가. 그러므로 우리나라의 선이 아무리 수준높고 수승한 중국의 영향을 받은 종파선이라 해도 그 근원은 역시 부처님의 가르침인 경전에 근거해야 한다. 『대념처경』 『좌선삼매경』 『안반수의경』 『달마다라선경』 등의 근본불교 선경(禪經)을 비롯하여 『반주삼매경』 『반야경』 『화엄경』 『원각경』 『능엄경』 등의 대승불교 경전에서도 한결같이 선의 중요성과 방법을 밝히고 있다.

충북 보은에 위치한 속리산 법주사를 가면 석등 하나를 볼 수 있다. 이 석등을 사자 두 마리가 떠받치고 있는데 그 중 한 마리는 입을 크게 벌린 모습을 하고 있고 또 한 마리는 입을 굳게 닫고 있다. 여기서의 석등은 깨달음을 상징한다. 입을 벌린 사자는 교(敎), 즉 경전을 상징하고 입을 다문 사자는 선을 상징한다. 이 석등은 결국 깨달음이란 부처님의 말씀과 선정을 통하여 이루어질 수 있는 것임을 잘 보여주고 있다.

서산 휴정 스님은 그의 저서 『선가구감』에서 "선은 부처님의 마음이고 교는 부처님의 말씀이다. 말 없음으로써 말 없는 데에 이르면 선이고 말을 통하여 말없는 데 이르면 교이다"라고 하였다. 이는 선과 교가 둘이 아니라는 것과 교에 머물러 선을 등한히 하는 것을 경계한 말이다. 즉 "말(교리)을 배우는 사람들은 말할 때에는 깨친 듯하다가도 실제로 경계를 당하게 되면 아득하다. 이른바 말과 행동이 서로 틀리기 때문이다. 이 한 생각을 탁 깨뜨려야 비로소 나고 죽음에서 벗어나게 된다"는 것이 선이다.

　일체의 불교 교리와 불교 속에서 행해지고 있는 모든 방편에는 마음을 깨닫게 하는 선지(禪旨)가 반드시 있다. 그 선지를 지니고 열심히 실천 수행하면 언젠가는 부처님이 열어 보이신 해탈의 법을 꼭 깨달을 수 있을 것이다.

화두선의 실상(實相)

안다 해도 30방망이를 얻어맞고 모른다 해도 30방망이를 얻어 맞는 기이한 물음. 남에게 물어서 풀 수 있는 것도 아니고 이리저리 헤아리고 궁리한다고 해서 알 수 있는 것도 아닌 수수께끼 중의 수수께끼. 철학·과학·수학·심리학·인류학·사회학 등 온갖 지식을 모조리 동원해도 풀래야 풀 수 없는 거대한 의문 덩어리. 한 생각이라도 머리를 굴려 알려고 했다가는 여우굴에 떨어지기 십상이요, 그렇다고 이 문제를 풀지 않았다간 생사의 크나큰 고통을 면할 수 없으니 과제 중의 과제로다.

석가모니 부처님도 설하지 아니 하셨다니 팔만대장경을 다 외어 본들 무슨 소용이 있겠으며, 보살과 아라한도 알지 못한다 하니 신통능력이 무슨 의미가 있겠는가? 하늘신과 신선들은 고개를 들지 못하고 천만 외도가 몸을 숨긴다. 하물며 여기에 어찌 범부의 알음알이가 붙을 수 있겠는가. 이름하여 화두(話頭), 일명 공안(公案) 또는 고측(古則)이라 한다.

다만 의심하고 참구할 뿐 여하한 것이라도 용납치 않는 것이 이것이라 할 때, 필자가 지금 이렇게 논하고 있는 것 자체가 이미 대망어 죄를 짓는 일이요 무간업을 면치 못할 일이라 하겠다.

단박에 때려엎기

화두(話頭)란 옛 조사들이 제자들을 깨우쳐 주기 위해서 던져준 '말머리'〔話頭〕라는 뜻이고, 공안(公案)이나 고측(古則)은 정(正)과 사(邪)의 표준을 나타내는 중국 옛 관공서의 문서나 법령 등을 나타내던 말인데, 후에 중국불교 선종(禪宗)에서 쓰게 되었다.

참선 수행자가 의심을 통해 풀어야 할 과제인 화두는 그 종류만도 1천7백 가지나 된다. 참선 수행자는 이 가운데 하나를 택해 철저히 의심하여 그 정체를 완전히 깨뜨려야만 되는데 이를 화두 타파(話頭打破)라 한다.

중국선(中國禪)의 종지를 이어받은 화두 참구법은 아직도 한국불교의 가장 으뜸가는 수행 방법으로 손꼽히고 있으며 그 자부심 또한 높다. 화두를 참구하지 않으면 참선을 했어도 참선한 것이 아니고 수행을 했어도 수행한 것이 아니라고 한다. 화두를 참구해야 진정한 선객(禪客)이요, 납자(納子)이다. 진짜 큰스님 소리 들으려면 화두를 타파해야 하고 진짜로 법을 깨치려면 화두를 깨쳐야 한다.

통불교를 자랑하는 한국불교지만 속으로는 화두 참선하는 운수납자들이 불교계를 장악하고 있다. 그만큼 화두는 한국불교 수행자들의 자긍심이다. 스스로 최상승법이라 여기는 이 수행을 하기만 하면 범부가 단박에 부처가 된다(一超即入如來地). 1이 갑자기 10이 되는 이치다. 아무리 바보 같은 사람도

이 화두만 타파하면 세상일을 다 아는 일체 지자(一切知者)가 되고 성인이
된다.

확철대오(確徹大悟, 확실하고 뚜렷한 크나큰 깨달음), 내외명철(內外明徹, 안과
밖의 밝음이 함께 뚜렷함), 돈오(頓悟, 갑자기 한꺼번에 단박 깨침), 돈망생사(頓忘
生死, 나고 죽음을 단번에 해결함) 등의 기가 막히게 좋은 수행 경지는 모두 이
화두를 참구한다는 전제 아래서 나온 말들이다. 화두를 수행하지 않고, 경전
보고 염불하고 참회하고 보살행 한답시고 돌아다니는 사람들은 모두 하근기
요, 금생에 견성성불하기 어려운 종자들이라고 화두를 닦는 수행자들은 주장
한다. 그렇다면 이렇게 지고하며 확실하고 성불하는데 가장 빠르다는 화두는
언제부터 연유되었는가?

방법은 없고 경지만 강조

본시 인도에서 발생한 불교경전에는 화두 참구법이 나와 있지 않다. 석가
모니 부처님께서 발견하시고 가르치신 깨달음에 이르는 방법들 속에는 공안
이니 화두니 하는 용어는 찾아 볼 수 없다.

부처님께서는 깨달음에 이르는 방법으로 팔정도나 육바라밀, 삼칠조도(三
十七助道)와 같은 것들을 제시하셨다. 그런데 불멸 후에 부처님의 설법에 근
거하여 나타난 방법이 아닌, 아주 독특한 이른바 이심전심(以心傳心, 마음으로
마음을 전함)적 깨달음이 탄생되었으니 이것이 바로 중국 선종이다. 이미 말
했듯 그 유명한 삼처전심 격외선(三處傳心, 格外禪, 제자 마하가섭에게 부처님께

서 깨달은 경지를 특별하고 비밀하게 세 곳에서 전해주었다는 선법)의 일화도 중국 선종에서 변형시킨 이야기이다.

이는 『범천왕문결의경』에 등장하는 설로 선종사에만 보이는 경인 것이다.

그런데 여기서 우리가 눈여겨 볼 부분이 있다. 그것은 부처님이 가르치신 선과 중국의 선사들이 가르친 선이 서로 판이하게 다르다는 점이다. 부처님이 가르치신 선(이것을 중국 선사들은 여래선(如來禪)이라고 하지만)은 깨달음에 이를 수 있는 구체적이고도 분명한 방법이었다. 말하자면 교리 속에 나타난 선은 방법적 선(方法的 禪)이었다는 얘기다. 그러나 중국에서 파생된 초기 조사선에는 구체적이고도 분명한 방법이 나와 있지 않다. 삼처전심에 근거해서 출현하였다는 33명의 조사, 즉 마하가섭에서 시작하여 중국 육조 혜능(六祖慧能)까지의 일화를 보아도 서로 마음만 전하고 받는 알 수 없는 인가게송(印可偈誦)만 즐비할 뿐 방법은 나와 있지 않다.

선어록의 대표격이라 할 수 있고 조계종의 소의경전(所依經典)『육조단경(六祖壇經)』속에도 구체적인 참선수행 방법은 나와 있지 않다. 무념(無念)·무상(無相)·무작(無作)만 강조할 뿐이다. 뿐만 아니라 마조(馬祖)·백장(百丈)·조주(趙州)·임제(臨濟) 같은 수많은 고승들의 일화 속에는 그들이 어떠한 수행을 했는지 불분명하다. 방법은 없고 경지만 강조되고 있는 이들 어록을 우리가 읽다보면 아쉬운 점이 너무 많다. 경지는 인정하겠는데 그렇게 될 수 있는 길이 모호하기 때문에 되돌아설 수밖에 없는 것이다.

그런데 바로 이 점에 불만을 가졌던지 아니면 아쉬움을 느꼈던지 후세의 중국 선종에서 그야말로 교외별전(敎外別傳)에 걸맞는 수행방법이 만들어졌으니 그것이 바로 화두이다.

오직 의심덩어리 하나

화두가 언제부터 생겨났느냐는 것에 대해서 학자들의 말을 빌릴 것 같으면 중국 내의 고승 황벽희운(黃檗希運)의 기록이 적힌 『완능록(宛陵錄)』에서 찾아볼 수 있다고 한다.

"수행하는 자들이여, 그대들이 대장부의 큰일을 마치려면 공안에 대해서 생각해 보아야 한다. 한 예를 들어 "개에게도 깨달을 수 있는 성품[佛性, 불성]이 있느냐"는 물음에 조주선사(趙州禪師)는 "없다─무(無)에 대해서 참구하여야 한다"라고 하였다.

부처님께서는 『열반경』에서 "모든 중생에게는 불성이 있다"고 하셨는데, 왜 조주는 '무(無)'라 했는가? 어째서 무(無)인고? 그대들의 생각이 이 '무(無)'를 의심하되 걸으면서 쉬면서 앉으면서 누우면서 옷 입으면서 밥 먹으면서 똥오줌을 누면서 이를 의심하라. 용맹정진하여 이 의심을 꼭 붙들고 놓치지 말라. 어째서 무(無)인고? 여러날이 지나고 여러달이 거듭되는 동안 그대의 온 마음이 완전히 타성일편(打成─片, 분별이 없어져서 사물과 자신이 하나되는 것)이 되면 부처와 조사의 뜻을 완연히 깨닫게 될 것이다.

46

황벽 선사가 설한 이 내용은, 화두를 중국의 과거 조사나 스승들이 제자를 깨우쳐 주기 위해서 던졌던 초논리적이고 초사고적인 질문이나 답변에서부터 찾아야 됨을 알려준다.

그리고 이러한 근거에 의해서 그 뒤로 1천7백여 가지의 수많은 화두가 생겨났다고 볼 수 있는데 이들 화두의 공통점은 무엇보다도 의심을 낳게 한다는 데 있다. 화두의 공통점은 한결같이 '어째서 ~인고?'이다. 어째서 조주 스님은 달마 대사가 중국에 오신 뜻을 뜰앞의 잣나무라고 하시는가? 동산 선사는 불법을 왜 삼서근이라고 했는가(麻三斤)? 운문 선사는 왜 불법을 마른 똥막대기라 했는가(幹屎橛)? 이렇게 밥먹고 말하고 걷고 움직이고 생각하는 이 놈은 무엇인가(是甚麽)? 부모 배 속에 들어오기 전의 나는 무엇인가(父母未生前 本來面目)? 하는 것 등이다.

화두를 참구하는 수행자는 이 중에서 하나를 골라 철저히 의심하여, 그 의심을 뭉치고 뭉쳐 의단(疑團)을 형성해야 한다. 의단은 의심이 크고 견고하여 일체의 잡생각이나 집착, 욕망 등이 조금도 일지 않게 됨을 말하는데, 의단(疑團)이 독로(獨露)해지면 자신도 세계도 하나의 의심덩어리일 뿐 다른 것은 추호도 없게 된다고 한다.

박산무이(博山無異) 선사가 쓴 『선경어(禪驚語)』에는 "화두 공부를 하는 사람은 고개를 들어도 하늘이 보이지 않고 고개를 숙여도 땅이 보이지 않으며 산과 물이 보이지 말아야 한다. 다녀도 다니는 바가 없어야 되고 천만 명 대중 속에 들어가도 한 사람도 보이지 말아야 한다. 온 몸과 마음의 대상세계가 오직 하나의 커다란 의심뭉치(疑團) 뿐이어야 하나니 그 의단을 깨뜨리지 못하면 맹세코 쉬지 말라"하면서 "공부할 때 하나의 화두를 택해서 마음을 쓸지언정 여러 화두를 풀어 알려고 하지 말라"고 주의시켰다.

화두하는 사람은 오직 의심("?")으로 순일되어야 한다는 것이다. 살아도 이 의심("?")이 사는 것이지 자기가 사는 것이 되어서는 안 된다. 초사고적 의심 (超思考的疑心)이랄 수 있는 이 화두는 중생의 현재의식과 잠재의식, 큰 번뇌와 미세번뇌, 주관과 객관 등의 일체 가치, 분별, 망상을 하나의 의심(?)으로 뭉쳐서 순간에 깨뜨려 버리고 중생 본연의 대광명, 대해탈의 반야를 회복하려는 정혜쌍수적(定慧雙修的) 방법인 것이다.

의심 덩어리의 폭발력과 정통성

고무풍선에 자꾸 바람을 불어넣게 되면 마침내 바람이 더 이상 들어가지 못할 정도로 팽팽해진다. 이때 살짝 바늘을 댄다면 여지없이 풍선이 터져 버린다. 화두수행도 이와 같아서 처음에 생각으로 자꾸 의심을 하다보면 그 의심이 자리가 잡히게 되고 나중에는 하나의 의심(?)만이 뚜렷하고 팽팽하게 전개되기를 은산과 같고 철벽과 같이 된다.

더 나아갈래야 나아갈 수 없는 길처럼 더 불어 넣을래야 불어 넣을 수 없는 경지가 되면, 마침내는 깨닫게 되는 계기를 만나게 된다. 바람 가득한 풍선이 바늘에 의해서 터지듯 의단이 독로한 상태가 되면 평범한 사건 속에서 크나큰 깨침이 온다.

48

화두를 통해 전식득지(轉識得智, 중생의 업식을 돌려 큰 지혜를 얻음)를 한 것이다. 화두란 결국 의단을 만들어 분별과 망상을 녹이고 자신이 지어놓은 아상·인상·중생상·수자상을 타파하려는 회광반조적 수행방법이며, 번잡한 이론과 언어를 통하지 않고 단박에 깨쳐 보겠다는 돈오돈수적 방법이라고 할 수 있다. '무(無)'자를 의심했건 '정전백수좌'를 의심했건 '이 무엇고'를 의심했건 그것을 통해서 얻는 것은 언어로 설명될 수 있는 어떤 답이 아니다. 자신과 세계의 궁극적 본질과 가치, 그리고 얽매임 없는 해탈 경지이다.

고정화된 의식이 의단의 힘으로 박살이 날 때 거기서 부처는 드러나는 것이다. 그러므로 화두는 일거수 일투족 모든 가치들을 남김없이 하나로 한꺼번에 의심하여 환멸연기(還滅緣起)를 일으키는 수행이기도 하다.

처음부터 끝까지 일체는 무상이요 무아요 고통이라고 보는 수행법이 비파사나 수행법이요, 모든 것이 공해서 '범소유상 개시허망(凡所有相 皆是虛妄)'이라고 끝까지 믿고 보려는 수행법이 『금강경』 수행이며, 모든 것이 다 관세음이요 아미타불이라고 믿고 일심으로 염하면 관세음이 되고 아미타가 되는 것이 염불 수행이라면 화두는 의심을 통해 일체법의 근원을 알아 보겠다는 철학적이면서도 초철학적인 반문사유(反問思惟) 수행법이다. 세계를 바라보며 알고 느끼는 주체로서의 자기 마음을 의문화시켜 만법이 지닌 속성을 여실히 파악하려는 직관적 실천방법인 것이다.

비록 이 법이 중국 종파선에서 파생된 수행법이라 할지라도 그 깨달음의 경지가 불교의 대승적 교리와 일치하기 때문에 정통성을 합리화할 수 있었고 맥이 계승될 수 있었다. 그러나 높은 나무에 걸린 과일은 그만큼 따기가 어렵고, 밝은 빛에도 그림자는 생기는 법. 이렇게 수승하고 긴요한 화두도 불교라는 거대한 가르침에서 볼 때에는 하나의 역기능을 낳게 할 수도 있고 편협된 가치관을 만들게 할 수도 있다.

본래 초기불교의 교설에서는 부처님께서 중생들을 가르치실 때마다 "여래의 가르침엔 비밀이 없고 활짝 열려 있어 누구든지 볼 수 있는 법으로, 듣는 자들로 하여금 의혹을 없게 한다(『아함경』)"라고 하셨고, "여래가 멸도하고 난 후 그대들은 내가 설한 교법과 계율을 스승으로 삼으라"고 하셨다.

화두는 과연 유일한가

불교는 본래 보편적인 종교이다. "근기의 대소를 막론하고 누구든지 깨달음을 얻을 수 있다"라고 한 『원각경』의 말씀처럼, 부처님은 모든 중생을 깨달을 수 있도록 차원에 따라 방편을 주셨다.

그러나 이 화두는 수행의 대중성을 외면하게 만들 수도 있다.

"사자굴에 여우새끼 발자취가 끊긴다"는 조사들의 외침은, 특별한 상근기들만 법의 전수자로 삼아, 법맥만을 중시케하는 폐단을 유발시킨다. 특히 교리를 중시하지 않음으로 인해 불보살에 대한 공양과 헌신 등의 경배심이 없어질 수 있고, 성불 후 교화(成佛後教化)라는 견성(見性) 우선주의적 사고로, 현실 중생들의 고통을 외면하고 은둔적이고 폐쇄적인 수행자로 고착화할 수도 있다.

교리를 자세히 설하는 스님이나 법사보다는 법상에 올라가 주장자 서너 번 치고 내려오는 스님을 고승으로 받들고, 포교하고 염불 잘하는 수행자보다는 알 수 없는 게송 몇 마디 읊는 수행자를 선지식으로 받드는 것이 과연 모두가 다 옳은 것인지는 생각해 보아야 한다.

필자도 나름대로 수행에 관심이 있기 때문에 선지식이 계신 곳을 찾아다니고 법문도 듣곤 했는데, 한 가지 안타까운 사실을 발견하게 되었다. 불교의 기초도 모른 채 성불하면 좋다니까 수행할 목적으로 찾아간 사람에게 선사께선 오로지 이 법만이 유일한 깨침의 길이라고 하면서 "이 무엇고?를 무조건 해라. 뜰 앞에 잣나무만 의심하라"고 일러준다. 그러나 오온(五蘊), 팔정도(八正道), 십이처(十二處)도 모르고 부처님이 어느 나라 사람인지도 모르는 사람이 과연 무상보리를 깨닫겠는가라는 점이다.

불립문자(不立文字)도 좋지만, 이는 돌아가신 탄허 큰스님의 "조계종의 시조인 육조 혜능은 무념(망념이 없음)으로 종(宗)을 삼았는데, 한국불교의 선은 무식(無識)으로 종을 삼는다"라는 말씀처럼, 왜곡된 점도 없지 않다. 화두를 가지고 수행한다는 참선 단체에 초청받아 법문을 하셨던 어느 스님이 3백여 명의 청중들을 향해 십이처가 무어냐고 하면서 아는 사람 손들어 보라고 하니까 열두어 명만이 손을 들더라고 쓴 웃음 짓는 것을 보았다. 부처님께서는 한 중생이라도 법에 의심이 있다면 반드시 풀어주고 설명해 주어야 한다고 가르치셨다.

"서강(西江)물을 다 마시고 오면 그때 알려주지," "돌장승이 아기 낳으면 그때 말해주겠다"는 식의 화두 법문이 과연 오늘날 다양하고도 복잡한 사회 상황과 전쟁을 방불케하는 다종교의 광적 포교현장에 걸맞는지는 반성해 보아야 한다.

특히 작은 깨달음과 단계적 수행경지를 인정하지 않는 화두 참구는 '중생 아니면 부처식'의 극단적 가치관을 형성시켜 불교의 보살도정신, 보시정신, 포교의지 등을 등한시하게 했다.

우리 주변에 과연 화두 참구해서 성불했다는 도반이나 수행자가 몇 명이나 있을 것인가. 천 명이 30년을 수행해야 몇 명 나올까 말까한 확철대오, 그나마 이젠 이러한 수행을 지도할 스승도 만나기 어렵다. 직접 스승 밑에 출가 해서 서산 스님 말씀대로, 고양이가 쥐 잡듯이, 닭이 알 품듯이, 주린 사람 밥 생각하듯이, 어린애가 엄마 생각 한나절 하듯이, 마치 무쇠로 만든 소에게 모기가 입을 댈 수 없는 것 같이 해야 될 공부이다 보니 감히 일반인들은 접근할 수도 없다.

이젠 시대도 많이 변했고 중생들의 근기도 더욱 무뎌졌다. 화두방법이 아무리 좋아도 불교라는 교리적 바탕을 등질 수 없고 중생의 현실을 등질 수 없다.

화두만 가지고 불교를 발전시키기는 어렵다. 화두만이 최상승법이요, 지름길이요, 정통한 법이라는 무조건적인 도그마로부터 벗어나야 할 때다. 좀더 거시적이고 다양한 안목을 가지고 세계불교의 흐름과 수행법 등에 대한 이해가 있어야 한다. 주장자의 권위, 산이 물 위로 간다는 식의 선법문, 석가여래 부촉 몇 대 법손 등의 법맥, 이러한 모든 주장들의 허실을 불교교리와 불교역사에 근거해서 좀더 확실하게 밝혀주고 이해시켜, 일부 선객들로 하여금 아전인수식 자존망대(自尊妄大)로부터 벗어나게 해 주어야 한다.

부처님께서는 말로 할 수 있는 것은 말로 다 하시고 말로 표현할 수 없는 사항에 대해서는 침묵을 지키셨다. 이 침묵의 중국적 전개가 덕산의 방망이 (棒)이요, 임제의 할(喝)이라 할 수 있다. 교리와 주장자, 보살행과 할이 함께 하는 불교 속에서 화두 수행자 또한 화두의 허실을 정직하게 알고 참구해야 된다고 본다.

제2장
무엇을 믿고 어떻게 수행할 것인가

무엇을 믿을 것인가

　불자들이 절을 찾아와서 법당에 모셔진 부처님 존상 앞에 촛불을 켜고 향을 꽂고 공양을 올리는 행위는 금생과 내생의 온갖 고통으로부터 벗어나 복되고 행복한 삶을 누리려는 데 있다. 나약하고 보잘 것 없다고 여기는 자기 자신의 한계와 부족함을 부처님께 의지하고 발원해서 원하고 구하는 바를 성취하려는 마음은 다 같을 것으로 본다.

　비록 진리 그 자체로서의 진불(眞佛)은 아닐지라도 나무나 돌, 쇠붙이 등으로 조성한 불존상(佛尊像) 앞에서 지금도 많은 이들이 마음을 바쳐 귀의하고 우러르며 예배하고 있는 것은 누가 뭐라 해도 인간이 미치지 못하는 불가사의한 어떤 위력이나 이치가 거기에 숨겨져 있다고 믿기 때문이다. 이러한 신심은 예나 지금이나 한결같은 것이어서 전통 속에 그대로 남아 있다.

　석가모니 부처님 당시에 부처님을 너무도 좋아했던 한 수행자의 일화를 소개하여 그 속에 스며 있는 뜻을 새겨봄으로써 우리가 진정으로 존중하고 우러러야 할 대상이 무엇인지를 알아보고자 한다.

여래는 법 속에 있어

부처님께서 웰루바나 수도원에 계실 때였다. 사밧티 성에 '박칼리'라는 청년이 살고 있었는데, 나이는 스물이었다. 어느날 부처님이 성내로 탁발을 나가셨는데 그는 부처님의 거룩하고 성스러우며 기품에 넘치는 상호를 보고 크게 감탄하였다. 그 뒤로 박칼리는 '저렇게 위대하신 분을 항상 바라볼 수만 있다면 얼마나 좋을까!' 하고 항상 흠모하다가 마침내 가정을 떠나 스님이 되기로 하였다.

그런데 스님이 되고 나서도 박칼리는 언제나 부처님을 가까이서 우러러볼 수 있는 곳만 찾아다닐 뿐 좌선을 한다든가 경전을 배우고 독송하는 일은 전혀 하지 않았다. 그는 거의 모든 시간을 부처님 모습을 그리는 일에 바치고 있었던 것이다.

부처님께서도 이같은 일을 알고 계셨지만 그에게 적당한 인연이 성숙되기를 기다리시며 그의 행동에 대해 별다른 경책은 않으셨다. 그러다가 얼마의 시간이 흘러 이제는 박칼리 비구에게도 법을 설해야 될 때가 왔다고 생각하신 부처님께서는 그를 만나 이렇게 타이르셨다.

박칼리 비구여, 여래가 지닌 이 몸이라고 하는 것도 그대와 같은 지(地)·수(水)·화(火)·풍(風)의 화합물에 지나지 않느니라. 네가 이렇게 무상하기 그지없는 육신에만 집착하여 우러러본들 무슨 큰 이익이 있겠느냐? 박칼리여, 여래의 진실한 모습은 법(法)이니라. 법을 보는 자가 여래를

58

보느니라. 그러니 여래가 가르쳐준 방법대로 수행을 하는 것이 좋을 것이니라.

부처님의 이같은 경책에도 불구하고 박칼리 비구는 부처님에 대한 애착에서 벗어나지 못하였다. 역시 마찬가지로 부처님을 항상 좇아다니면서 종래에는 다른 비구들의 눈총을 샀다. 그러자 부처님께서는 이 비구를 냉정하게 대하지 않고서는 도저히 당신에 대한 애착을 버릴 수 없으리라 생각하시고는 큰 충격을 주기로 작정하였다.

때마침 우기 안거(雨期安居)가 가까워졌다. 우기 안거란 인도에서 일년 중 비가 집중적으로 내리는 장마철에 바깥 출입을 금하고 수행에만 전념하는 일을 말한다. 그래서 부처님께서는 조용한 곳에 가서 안거를 하시겠다면서, "다른 비구들은 나와 함께 가고, 박칼리 비구 그대는 혼자 여기에 남아 안거를 보내도록 하여라"하고 말씀하셨다. 박칼리 비구는 이 말씀을 듣는 순간 가슴이 쿵하고 내려 앉으면서 눈앞이 캄캄해졌다.

우기 안거 석달 동안 한 곳에 갇히어 부처님을 볼 수 없게 되었다면서 '아, 이제 무슨 기쁨으로 산단 말인가. 부처님께서 나를 멀리 하시다니, 내가 부처님을 너무 귀찮게 하기 때문에 부처님께서 나를 버리신 거다. 나는 부처님께 죄만 지었고, 승단에 누만 끼쳐왔다'고 탄식하였다.

그는 비감에 사로잡혔고 마침내 이런 상태로 더 살아서 무엇하겠느냐는 자책감과 절망에 영축산 꼭대기에 올라가 머리를 골짜기에 쳐박고 죽으리라

결심하고 산으로 올라갔다. 이때 부처님께서는 박칼리 비구가 절망적인 마음이 되어 세상을 버리려는 것을 아셨다.

부처님께서는 이 비구에게 위로를 베풀지 않으면 도를 성취할 기회를 잃으리라 생각하셨다. 부처님께서는 곧 광명을 발하시며 박칼리 비구 앞에 신통으로 모습을 나투셨다. 그러자 박칼리 비구에게는 절망적인 생각들이 씻은 듯이 사라지면서 비할 바 없는 환희심이 샘솟았다.

그런 박칼리 비구에게 부처님께서는 다음과 같은 게송을 읊으셨다.

> 기쁨과 만족이 가득한 그대여
> 여래의 가르침에 대해 완전한 믿음을 지닐지어다
> 마침내 평화로운 피안에 이를지니
> 그때 존재는 적멸하여 완전한 행복을 이루리로다.

부처님께서는 계속하여 자비의 손을 박칼리 비구에게 내미시면서 다시 게송을 읊으셨다.

> 오너라 박칼리여, 두려움 없이 여래를 바라볼지어다
> 마치 늪에 빠진 코끼리를 건져 올리듯 여래는 너를 건져 올리리라
> 오너라 박칼리여, 두려움 없이 여래를 올려다 볼지어다
> 마치 아수라의 깊은 골짜기에서 태양이 풀려나듯 여래는 너를 풀어주리

라

오너라 박칼리여, 두려움 없이 여래를 올려다 볼지어다.

마치 아수라의 깊은 골짜기에 달이 풀려나듯 여래는 너를 풀어주리라.

그러자 박칼리 비구는 "아아, 여래께서 나에게 오라고 말씀하신다"며 기뻐하였다. 그의 온몸에는 기쁨이 충만해 왔다. 그는 잠시 어떻게 하면 부처님이 계시는 수도원까지 갈 수 있을까 하고 생각해 보았다.

그런데 순간 부처님의 상호와 게송의 내용이 생생하게 기억되면서 마음이 허공처럼 활짝 열렸다. 우러나오는 기쁨과 함께 마침내 신통력까지 갖춘 아라한이 되었다. 그는 부처님의 공덕을 찬탄하면서 제타바나 수도원 간다쿠티 뜰앞에 날아 내렸다. 그러자 부처님께서는 박칼리 비구를 '신심이 으뜸가는 제자'로 선언하였다.

『법구경』에 나오는 이 일화에는 우리 불자들이 신앙의 대상으로서 부처님을 어떻게 섬기고 믿을 것인가에 대한 큰 교훈이 들어 있다.

새는 복과 새지 않는 복

'부처님'이라는 이름을 얻어 듣기만 하여도 삼생의 크나큰 복이라 했다.

"혹, 아이들이 놀면서 장난으로라도 모래를 가지고 탑을 쌓고 손가락이나 나뭇가지로 불상을 그려도 불도를 성취한다"고 하셨고, "어떤 사람이 부처님께 예배하되 다만 합장하여도 혹은 고개를 조금만 숙여도, 무상대도를 성취한다"고 하셨다. 또 "산란한 마음이라 할지라도 탑이나 법당에 들어가 '나무불' 하고 한 번만이라도 부르면 반드시 불도를 이룩할 것"이라고 『법화경』에서 말씀하셨다.

그러나 이것은 어디까지나 이러한 작은 공덕이 불법과 큰 인연이 되어 미래세에 진리를 깨달을 수 있는 씨앗을 심었다는 뜻이지 노력과 수행 없이도 불도를 이루게 된다는 말은 아닐 것이다.

아직까지도 한국불교를 기복불교라고 한다. 기복불교란 부처님께 복을 달라고 빌기만 할 뿐, 부처님이 일러주신 법을 공부하고 실천하지 않는 불교를 말한다. 그런데 이 기복이 나쁜 것인가 하는 점이다. 우리는 기복불교 그러면 미신화된 불교를 연상한다. 그러나 그것은 좀 잘못된 것이다. 기복이란 글자 그대로 '복을 기원한다' 는 뜻이다. 복 받고 싶은 생각은 누구를 막론하고 가지고 있다.

부처님을 일컬어 '복덕을 구족한 분' 이라고 한다. 또 부처님이나 스님을 복전(福田), 즉 복이 열리는 밭이라고 한다. 그러니까 우리가 복을 빌고 기원하는 일은 불자로서 당연한 것이다. 그러나 여기서 짚고 넘어가야 할 중요한 문제가 있다. 그것은 다름아닌 '복' 이 지니고 있는 성격에 관해서이다. '복' 에 무슨 성격이 있느냐고 반문할지 모르지만 불교에서는 복을 두 가지로 나누고 있다.

유루복(有漏福)과 무루복(無漏福)이 그것이다. 유루복이란 새어나가는 복이라는 뜻이고 무루복이란 새어 나가는 것이 없는 복이라는 뜻이다. 좀 자세히 애기하면 유루복은 생로병사를 벗어나지 못한 중생들이 누리는 한정되고 부자유한 사바세계의 복이요, 무루복은 생로병사가 없는 불보살과 성현들이 누리는 영원하고 걸림없는 정토세계의 복이다.

유루복은 힘센 장사가 쏘아올린 화살과 같은 것으로 올라갈 만큼 올라가다가 언젠가는 떨어지는 복이다. 한계가 있는 것이다. 그러나 무루복은 허공같이 언제나 변함없고 끝이 없다. 불교에서 지향하는 목표가 무루복에 있음은 두말할 나위가 없다.

기복 불교라는 말은 이렇게 유루복에만 머물러 무루복을 닦지 않는 신도들의 신행 형태를 두고 한 말이다. 대부분의 우리나라 불교 신도들은 아직도 저 박칼리의 믿음처럼 형상 중심의 기복과 가피 신앙의 차원을 벗지 못하고 있다.

형상 너머의 진짜 부처와 마음 가운데의 무루복은 도외시 한채 나고 죽는 인연사의 복덕에만 머물러 진귀한 법의 보배를 얻지 못하는 것이다.

박칼리 비구는 부처님 형상에만 치우쳐 있었기 때문에 가장 중요한 법을 깨닫지 못하고 있었다. 물론 부처님의 모습이 좋아 출가했고 흠모했기 때문에 마침내 법을 깨달았지만 부처님의 교묘하신 방편과 사랑이 없으셨다면 그 믿음은 무의미할 뻔했다고 볼 수 있다.

마음 가운데 '있는' 부처

불교에서는 법을 매우 중요하게 여긴다. 법이 없다면 불교는 성립될 수 없다. 부처님은 법이 있으므로 인해서 존재하는 것이다. 박칼리 비구에게 "법을 보는 자가 여래를 보리라"고 말씀하신 부처님의 의도를 우리는 잘 파악해야 한다.

'법'에 대한 귀의가 되어 있지 못하고 부처의 형상에만 얽매여 유루의 복만을 기원하다가 죽는 불교 신도가 우리 주변에는 부지기수다.

달마 대사께서 설하셨다는 『관심론(觀心論)』을 보면 형상에만 치우쳐 불사를 행하고 기복을 일삼는 사람들에 대해서 심하게 나무라는 대목이 있다.

요즈음 무식한 사람들을 가만히 살펴보건대 오직 형상을 세우고 모습에 매달리는 것으로 공덕을 삼아 재물을 많이 허비한다. 망녕되이 불상과 탑을 세우며 헛되이 사람들의 공을 수고롭게 하여 나무나 흙을 쌓아 올리며 마음과 힘을 다 기울여서 자기도 손해되고 남도 어리둥절케 하나니, 부끄러움을 알지 못하는지라 어떻게 법을 깨달으리요.

유위의 법을 보면 부지런히 애착하나 최상의 모습 없는 법을 말해주면 멍청하니 바보 같도다. 세상의 조그마한 쾌락을 탐하다가 큰 생사의 고통을 깨닫지 못하나니 이런 공부는 스스로 피로하게 할 뿐이다.

이 말씀 속에는 수행을 도외시한 형상 불사의 잘못된 점을 깨우쳐주는 채찍이 들어 있고 법에 대해 미혹해 하는 뭇사람들에 대한 큰 걱정이 들어 있다.

보조 국사께서도 『수심결(修心結)』 첫머리에서 "삼계의 뜨거운 괴로움이 마치 불타는 집과 같으니 거기에 빠져들어 오랜 고통을 받는구나. 나고 죽음의 거듭된 윤회를 벗어나려면 부처님을 구해야 할 것이니 부처님은 곧 자신의 마음 가운데에서 나타나시느니라. 물질의 모습은 거짓이라, 나고 죽음이 있거니와 부처님은 영원히 신령하여 하늘과 땅을 덮는다"라고 지적하셨다.

　부처님 당시에나 2천5백여 년이 지난 말법시대인 지금이나 형상에 대한 집착은 같다. "모습은 진실이 아니다"라고 그렇게 일러주시건만 알아듣지 못한다. 모습을 통해서 모습 너머의 세계를 보라는 뜻을 이해하지 못하는 것이다. 불상에 대한 공경심과 신앙심을 통해서 불상 너머의 진리이신 법신(法身)의 모습을 친견하겠다고 마음을 발하는 사람들이 지금도 흔치 않다.

　우리는 지금 박칼리처럼 부처님의 모습에 얽매여, 그 애착을 끊어 깨달음의 경지로 인도해 주시는 육신(肉身)과 법신을 동시에 지닌 부처님을 만날 수는 없다. 그러므로 스스로가 수행하여 법신의 부처님을 체득하여야 한다. 법을 믿고 수행하는 자만이 부처님의 진실한 가피와 공덕을 누릴 수 있다.

　불교경전의 대표적 가르침이라고 할 수 있는 『금강경』에서도 이 점을 누누이 강조하셨다.

　"여래가 지닌 거룩한 32가지 모습을 참되다고 여기느냐? 만일 모습으로써 나를 보려 하거나 음성으로써 나를 찾으려 하면 이는 곧 삿된 길을 가는 자라, 부처를 길이 보지 못하리라"하고 단단히 이르셨고, "만약 수행하는 보살이 일체법에 실체가 없다는 진리를 바로 깨달았다면 이 공덕은 어떠한 것보다 뛰어나리라"라고 법을 깨달을 것을 당부하셨다.

　법에 바탕을 두고 수행에 기초를 한 건전한 예배와 기도와 공양, 각종 불사야말로 형상을 바로 모시는 길이며, 공양을 바로 올리는 것이며, 부처님의 은혜에 보답하는 길이다.

　"법을 보는 자, 여래를 본다"라고 박칼리 비구에게 가르쳐주신 부처님의 말씀을 깊이 새겨 법신불과 형상불을 함께 섬기고 무루복과 유루복을 함께 닦는 불자가 되기를 기원한다.

진정한 신심

할머니의 신심

돌아가신 지가 이미 15년이 된 필자의 할머님은 여느 분과는 아주 다른 삶을 살다가신 분이었다. 젊은 나이에 홀로 되셨던 할머님은 아버지를 결혼시키고는 곧 암자에 들어가서 부처님께 귀의하셨고 끝내는 삭발하여 스님이 되었던 것이다. 이러한 인연으로 필자는 운명적으로 할머님을 따라 불교를 믿을 수밖에 없었고 어린 시절의 많은 시간을 암자에서 보냈었다. 그러다 보니 자연히 할머님의 부처님에로 향한 정성과 신심을 엿볼 수 있었는데 경전 구절 좀 압네하고 남 앞에서 얘기하고 있는 지금에 와서 생각해 보면 할머님의 신심은 아주 단순한 것이었다.

한글도 제대로 배우지 못하셨던 탓에 경전 공부도 하지 못했고 이렇다 할 스승도 만나지 못하셨던 까닭에 수행방법 하나 지도받지도 못하셨다. 그저 아는 것이라고는 관세음보살님 찾는 것 하나와 지극 정성한 믿음뿐이었다고 할 수 있다.

특히 할머님(수덕사에서 받으신 법명은 명덕이셨다)의 부처님을 대하시는 법도는 지나치리만큼 엄숙하셨다. 법당에 들어가실 때마다 하루에 열 번이면 열 번 손을 꼭 씻고 들어가셨고 화장실에 들어갔다 나오는 사람에게는 한 시간 정도를 밖에서 기다렸다가 부처님을 뵈라고 하셨다. 만약 세속에 있는 신도들이 돼지를 잡는다거나 닭을 잡았을 경우와 같이 살생을 했을 때에는 삼일이 지나서야 법당엘 들어가도록 하셨고 집에서 육식을 했으면 다음날에야 법당 참배를 허락하셨을 정도다.

항상 정갈하고 세심한 태도로 부처님께 공양을 올리도록 암자를 찾는 모든 이들에게 주의를 시키셨고 부처님께 올릴 밥을 지을 때는 음식에 침이 튀어 들어간다고 하여 절대 묵언을 시키셨다. 물론 부처님께 올릴 공양물들, 예컨대 쌀이라거나 과일, 나물 등은 가장 질이 좋고 맛이 좋은 것을 골라서 올리도록 신도들을 가르치셨다.

불공을 올리기 전이나 도중에는 절대로 공양을 한다거나 무엇을 먹어서는 안 된다고 하셨다. 법당에 들어가셔서 신도들을 위해 기도를 하실 때는 정상적인 불교의례나 격식, 격문 등을 하지 않았다. 하지만 관세음보살을 한참 염하시다가 신도들이 요구하는 소원을 부처님께 즉흥적으로 고하는 식으로 축원을 해 주셨는데 그 정성이 얼마만큼 진솔하고 간절하셨던지 신도들의 소원이 거의 이루어진다고 했다. 뿐만 아니라 이러한 할머님의 신앙심에는 참으로 거짓말 같은 불가사의한 힘이 들어 있기도 했다.

할머니와 솔밭 보살

한 번은 이런 일이 있었다.

할머님을 모시고 있던 신도분 중에 솔밭 보살님이라는 분이 계셨는데 할머님보다는 연세가 몇 살 위였고 그분도 세속의 자식들과 함께 있기보다는 암자에 와서 생활하시기를 주로 한 분이었다. 이 보살님은 지금도 생존해 계신데 아마 백살은 거의 되셨지 않나 싶다. 어느날 할머님을 비롯한 솔밭 보살님, 그리고 손주인 나, 셋이 함께 아침 공양을 하던 중이었는데 할머님은 솔밭 보살님을 향하여 느닷없이 말씀하시는 것이었다.

"솔밭 보살님, 오늘은 속가의 아들집에 가셔서 고깃국좀 얻어 먹고 한 이틀 쉬었다 오세요."

그러자 솔밭 보살님은 아주 의아스러운 얼굴을 하시면서 "원, 스님 그게 무슨 말씀이세요. 제가 언제 누린 것 먹습니까. 공연히 제 심정 떠보시려고 그러시는 것 같네요"라고 말씀하시니 할머님은 솔밭 보살님의 그 말에 그냥 깔깔 웃으시는 것이었다. 하지만 그 말을 그냥 무심히 하신 것이 아니었다는 사실은 점심 때가 거의 다 되어서 알게 되었다.

한여름철이면 법당 툇마루에 늘상 앉아서 산 아래를 내려다 보시곤 했는데 그날도 할머님께서는 암자 아래의 누렇게 익은 보리밭을 바라보면서 이런저런 말씀을 하시더니 암자 마당에 내려가서 누구를 기다리는 것처럼 서성거리셨다. 그리고 잠시후 할머님께서는 암자를 향해서 올라오는 누군가를 발견하셨던지 그를 향해 소리치는 것이었다. "이것봐, 절에 올라오려면 그 손에 든 물건 길가 보리밭에 놓아두었다가 맨몸으로 올라와." 할머님의 외침에

산 아래에서 "네 스님"하는 남자의 목소리가 들려왔다. 그런데 신기하게도 그 목소리의 주인공은 다름아닌 솔밭 보살님의 큰아들이었다.

땀을 뻘뻘 흘리며 산을 올라 온 그의 모습을 발견하고 우선 말을 건넨 사람은 솔밭 보살님이셨다. "네가 갑자기 웬일이냐. 바쁠텐데 절엘 올라 오고"라고 묻자, 그 아들 대답이 "저희 자식들이 어머님을 뵌 지가 오래된 것 같아서 모시러 왔습니다. 저의 집엔 못가셔도 아우네 집에좀 함께 가세요. 어머님 끓여 드리려고 소고기 두 근 사가지고 왔습니다. 아니 그런데 스님 제가 손에 들고 오는 것이 소고기인 줄 어떻게 아셨습니까?"하는 것이었다.

그러자 할머님은 솔밭 보살님을 돌아보시고는 웃으시면서 넌지시 건낸다. "거 봐요. 고깃국 얻어 먹고 한 이틀 쉬었다가 오시라니까."

이 말씀을 들은 솔밭 보살님은 물론 모든 사람들은 크게 놀라지 않을 수 없었고, 할머님 말씀대로 솔밭 보살님은 자신의 의도와는 달리 둘째 아들 집엘 가게 되어 결국은 큰아들이 사온 소고깃국을 잡숫고 돌아왔던 기억이 난다.

어떻게 그런 능력이 할머님에게는 있으셨을까? 이는 아마 남들이 지니지 못한 지극하고도 일관된 믿음과 끊임없는 염불기도의 힘이었을 것이다. 예로부터 사람이 수행이 깊어지면 갖가지 신통이 열린다고 눈과 귀에 못이 박히도록 보고 들어왔는데 적어도 할머님에게는 어느 정도의 천안통(天眼通)이나 타심통(他心通)은 열리셨다고 나는 지금도 믿고 있다.

신심과 신통력

한 번은 또 이런 일이 있었다. 필자가 중학교 때인가 겨울방학을 맞이하여 암자에서 생활하게 되었는데 어느 신도가 머리에 쌀을 이고 와서 집안에 우환이 있어 그러니 불공을 드려 달라고 부탁을 해 왔다. 그런데 할머님께서는 화를 버럭 내시면서 "당신은 부처님께 불공을 드릴 자격이 없으니 쌀을 도로 머리에 이고 돌아가요"하며 방으로 들어가 버리는 게 아닌가.

이에 당황한 신도가 스님 왜 그러시느냐며 영문을 일러달라고 했는데 할머님은 말씀하시길 "부처님께 기도드리러 오는 사람이 쌀 열 가마를 바쳐도 망설이는 마음이 없어야 되거늘 살 만한 사람이 쌀 몇 되 가져오면서도 자루에 쌀을 넣었다 덜어냈다 대여섯 번을 되풀이해서 가져오니 무슨 기도가 돼. 보살님 집에 우환이 있는 것도 모두 마음을 곧게 쓰지 못하고 변덕을 부리니까 그 모양이지"하며 혼을 내시지 않는가. 그 날 그 신도는 부처님께 몇 시간 동안을 참회하면서 자신의 허물을 뉘우쳤고 화가 풀리신 할머님은 신도의 요구대로 기도를 해 주셨다.

그 밖에도 할머님으로부터 겪어온 일들 가운데는 상식으로는 납득하기 어려운 일들이 많다. 절에 도둑이 들 것을 미리 아시고 화로불에 인두를 발갛게 달구어 놓고 방안에서 기다리셨다가 문을 찢는 도둑의 손가락을 지져 놓았던 일, 법당에서 기도하시는 도중에 공양주 보살이 부엌에서 누룽지 조각을 입에 넣었는데 그 일을 아시고 꾸짖으셨던 일들이 지금도 기억에 생생하다.

71

　개인적인 얘기지만 필자가 법사가 되어 부처님 심부름하는 사람이 된 것도 실은 거의가 이러한 할머님의 공덕에 의해서다. 할머님께서는 출가하신 스님이었음에도 손자인 필자에 대한 사랑만은 유별나셨다. "너는 부처님의 인연줄을 받고 태어났으니까 산 것 함부도 죽이지 말고 남 업신 여기지 말고 마음 비뚤게 쓰지 말라"고 늘 타이르셨다. 할머님께서는 필자가 군대를 다녀와서 포교 일선에 들어온 얼마 후까지도 생존해 계셨는데 그때 이런 말씀을 하셨다.

　"요즈음에는 사람들이 발달을 해서 이런저런 것들을 만들어 놓고 편안히들 사니까 눈으로 보이는 것만 다인 줄 알지만 그렇지 않다. 인간들은 모르지만 이 세상 뒤편에는 뒤편대로 아주 엄숙하고 뚜렷한 성인들의 세계가 있는 것이 분명하다. 하지만 이 중은 부처님에 대한 공부가 모자르고 어리석어 그 뜻을 확실히 알지는 못한다. 다만 어렴풋이 느끼는 것은 그곳이 우리 인간들의 마음과 아주 깊이 연결되어 있다는 점이다. 그러니 네가 앞으로 부처님 일을 하려면 항상 부처님이나 성현들께 정성을 바치는 마음이 우선되어야 한다"는 당부였다. 하지만 어쨌거나 할머님의 이러한 무식하리만큼 외골수적인 무조건적 신심을 필자는 아직까지도 불효스럽게 지키지 못하고 있다.

　왜일까. 그 이유는 간단하다. 나 자신이 그만큼 잘났다고 여기기 때문이다. 돌이켜보면 필자의 경우 불교에 대한 지식과 경험은 과거 할머님이 살아 계셨을 때보다는 많이 발전되고 성숙되었을지 모르나 정작 가장 중요한 부처님을 향한 경외심과 정성심은 훨씬 덜해졌다. 부처님께 좀더 깨끗한 물을 올리겠다고 약수을 뜨러 먼 샘까지 찾아갔던 나의 신심은 남에게 경전을 해설해 주고 설법을 해 주면서 오히려 퇴색되어 버렸다.

참다운 신심은 앞뒤를 따지지 않는 가슴 깊숙한 곳에서 나오는 것이지 이리저리 헤아려 분석하는 머리로부터 나오는 것이 아니다. 이 점에 대해서 필자는 항상 할머님과 부처님께 죄송하게 생각한다. 그리고는 할머님의 신통력은 아니라도 진실하고도 단순했던 믿음과 힘을 부러워하면서 그 마음을 나도 소유하고 싶을 때가 많다.

도는 신심을 통해서 깨닫는다. 신심이란 무엇인가. 자신을 바치고 버리는 마음이다. 잘난 마음, 아까와하는 마음, 헤아리는 마음을 부처님께 바치고 버리는 것이 선행되지 않고서는 아무 공덕도 이룰 수 없다고 본다. 이러한 점에서 생각해 볼 때 현재 우리 불교계의 신앙적 흐름에도 상당한 문제가 생길 것이라는 예감이 든다.

효순하고 조심성 있는 신심

이곳저곳 법회를 하면서 느끼는 터이지만 신도들의 신앙적 질이나 부처님을 향한 순수한 믿음조차, '기복불교 타파'니 '맹신불교 척결'이니 하는 잘못된 교육에 의해서 황폐화되어가고 있다는 것이다. 신앙이라는 것은 모르고 믿어도 큰 문제이지만 지식으로만 받아들이면 순수성이 사라지는 법이므로 불교 이론을 공부하더라도 마음은 더욱 단조로워져야 하는 법이다. 그런데 요즈음의 신도들에게는 과거 어른들이 지녔던 효순하고도 조심성 있는 신심들이 부족하다.

이러한 성향은 나이가 젊을수록 더욱 심해지는 것 같다. 얼마 전에 어느 대학생 모임에 가서 법회를 한 적이 있었는데 그들에게 불교를 믿으면서 부처님 전에 손수 물을 떠서 바쳐 보았거나 공양을 준비해서 올려 본 사람은 손을 들어 보라고 했더니 놀랍게도 참석자의 오분의 일밖에 되지 않았다.

그나마도 거의가 여학생들뿐이었는데 그들은 법회가 끝나자 무슨 교리 토론을 하느라고 열띤 논변을 토해내고 있었다. 옛날 어른들은 절에 갈 때 맨손으로 가면 절대 안 되는 줄 믿었다. 부처님께 바칠 공양물을 머리에 이고 몇 십리고 걸어서 힘들여 절엘 오면서도 중간에 그 공양물을 땅에 내려놓지 않았다. 그야말로 부처님을 조상이나 부모 위하듯 했었던 것이다.

불보살님과 자신 사이의 감응도교(感應道交)가 이루어지지 않는 교리공부는 한낱 알음알이 놀음에 지나지 않고 자기 바침과 봉헌이 없는 참선이나 수행은 마른 지혜만 더할 뿐이다. 과거의 모든 선지식이나 도인들의 수행 행각을 살펴볼 것 같으면 그냥 법문이나 듣고 수행에 힘쓰기만 하신 것이 아니다. 목숨조차도 바칠 수 있었던 신심이 있었고 부처님들에 대한 지극한 공경심이 있었다.

석가모니 부처님 당시에 자신의 전재산을 다 바쳐 기원정사를 지었던 그 유명한 수닷타 장자가 좋은 예이다.

그는 기원정사를 짓고 나서도 하루에 세번씩이나 부처님께 찾아갔다. 그러면서도 그는 한 번도 맨손으로 간 적이 없었는데 이른 아침에는 싱싱한 우유를, 점심에는 맛있는 공양을, 저녁에는 꽃이나 향 등을 장만해서 부처님께 올렸다. 이렇게 계속된 공양은 그의 재산을 마침내는 바닥나게 하였다. 그러나 그는 조금도 아까와하지 않았고 나중에는 공양 올릴 물건이 없으니까 자기 집 마당의 흙을 파가지고 가서 기원정사의 나무와 꽃에 주고 오기도 하였다.

경전에 보면 이 모습을 지켜 보고 있던 수닷타 장자의 집을 지키는 신장이 너무도 걱정이 되어서 보시를 그만하라고 타일렀지만 그는 오히려 그렇게 말하는 신장을 버릇이 없는 신이라고 내쫓았고 이에 감동한 하늘의 제석천왕이 수닷타 장자에게 다시 부자가 되도록 도움을 주었다고 설해져 있다. 그리고 수닷타 장자의 이러한 신심을 그가 재가신도로서는 깨닫기 어려운 수다원과(須陀洹果 : 다시는 마음이 바깥 대상으로 말미암아 흔들리거나 빠져 나가지 않는 평온의 경지)를 얻게 하는데 가장 큰 요인이 되었다고 전해 온다.

우리들이 목적으로 삼는 견성·성불·생사 해탈에는 크나큰 신심도 깃들어야 되고, 칼날 같은 결심도 서야 되며 쉬임없는 용맹정진력이 수반되어야 겠지만 그 이전에 불보살님을 잘 모시고 받들 줄 아는 귀의정신이 바탕되어야 하겠다.

훌륭한 선지식, 올바른 선지식

모든 종교는 공통적으로 절대적인 믿음과 복종을 사람들에게 요구한다.

"믿음은 도의 근원이요, 공덕의 어머니이다. 믿음은 일체의 선법을 기르기 때문이다"라고 한 『화엄경』의 말씀이나 "누구든지 주를 믿으면 멸망하지 않고 영생을 얻을 것이다" 라고 한 성서의 말이 그렇다. 그리고 이러한 믿음은 석가모니 부처님이나 예수 그리스도와 같은 성인들이 몸소 체험해서 설한 교리를 그 대상으로 삼고 있다. 따라서 사람이 어떤 종교를 가지고 있느냐 하는 것은 결국 어떤 교리를 믿고 있느냐 하는 것이다.

그런데 종교를 가진 대부분의 사람들이 각자의 교리를 신봉하기 위해서는 그 교리를 믿게끔 하는 어떤 또다른 믿을 수 있는 인도자를 필요로 한다. 가령 불교를 믿는 사람은 자신보다 부처님을 좀더 먼저 알고 잘 아는 스님이나 법사의 말을 믿고, 기독교를 믿는 사람은 자신보다 예수님에 대해서 좀더 먼저 알고 잘 아는 신부나 목사의 말을 믿는다. 스님이나 법사 혹은 목사나 신부는 사람들을 믿게끔 하는 믿을 만한 전달자라고 여기기 때문이다. 교리의 대부분은 이 인도자들에 의해서 해석되고 신도들에게 주입되어 신앙화한다.

똑같은 내용의 글귀도 인도자들의 이해와 해석 여하에 따라서 그 뜻이 얼마
든지 다르게 표현될 수도 있는데, 믿는 자들로서는 그 내용의 진위를 가릴
안목이나 지식을 갖고 있지 못하다.

올바른 선지식이란

이렇게 볼 때 신도들의 믿음이란 그 방향과 질에서 모두 전달자들의 믿음
을 믿는 셈이 된다. 똑같은 부처님을 믿어도 자신을 가르쳐주는 스님이나 법
사가 믿고 생각하는 부처님을 믿는 것이 되고, 똑같은 예수님을 믿어도 자신
을 이끌어 주는 목사나 신부가 믿고 생각하는 예수님을 믿는 것이 된다. 이
점을 생각해 볼 때 인도자의 역할이 얼마나 큰 것인가를 짐작할 수 있다. 신
도들의 입장에서 보면 때로는 인도자가 부처나 신의 위치처럼 높게 보일 만
큼 추앙되고 권위화된다. 불교에서는 이러한 인도자들을 선지식(善知識)이라
고 부르는데 선지식이란 진리를 알려주고 깨우쳐주는 스승을 뜻하는 말이다.

특히 부처님의 가르침을 수행하여 해탈의 경지에 이르기 위해서는 선지식
의 역할이 필수적이다. 선지식은 강을 건네주는 배의 선장과도 같고 낯선 길
의 안내자와도 같다. 중생계의 번뇌의 흐름을 끊고 불세계의 진여광명을 얻
기란 결코 쉽지 않다. 우리가 낯선 길을 여행하다 보면 때로는 곧은 길도 나
타나고 굽은 길도 나타나며 넘어야 할 산도 나타나고 건너야 할 강도 나타난
다. 깨달음을 향한 구도의 길 역시 마찬가지여서 수행 도중에 갖가지 순역경
계(順逆境界)와 단계를 거치게 되는데 이때 올바른 스승이 필요한 것이다.

부처님께서는 항상 제자들에게 선지식의 중요성을 강조하셨다. "만약 수행자가 올바른 선지식을 만나게 되었다면 도의 절반은 이룬 것이겠습니까?"라는 제자 아난다의 물음에 "아니다. 도의 전체를 이루느니라"라고 대답하셨을 정도이다. 특히 대승경전 중의 수행 필서(修行必書)라 할 수 있는 『원각경(圓覺經)』에서는 수행자는 필히 선지식을 구할 것과 더불어 어떤 선지식을 바른 선지식이라 할 수 있는가를 설하고, 나아가 선지식을 어떻게 믿고 따를 것인가를 설하고 있다.

즉 『원각경』 「보각보살품(普覺菩薩品)」을 보면 이런 말씀이 있다.

선남자야, 말세의 중생들이 크나큰 깨달음을 얻으려 하거든 먼저 선지식을 구해서 수행해야 되나니 어느 것이 선지식인가. 일체 바른 지견을 가진 사람이니 마음이 상(相)에 머무르지 않으며 성문(聲聞)이나 연각(緣覺)인 소승경계에 집착하지 않으며 진로(塵勞 : 마음의 티끌)의 모습을 나타내는 것 같지만 마음이 항상 맑고 깨끗하며, 온갖 허물이 있는 듯이 보이나 범행(梵行 : 깨끗한 행)을 찬탄하며 중생들로 하여금 그릇된 율의(律儀)에 물들지 않게 하여야 되느니라. 만약 이런 선지식을 구하면 곧 아뇩다라삼먁삼보리를 성취하리라.

선남자야, 수행을 하는 이는 목숨이 다 하도록 선지식을 공양하고 섬겨야 되나니 그 선지식이 자신에게 잘해주고 칭찬을 하더라도 교만하거나 흡족한 마음을 내지 말아야 하며 선지식이 멀리하거나 성을 내더라도 한을 품거나 원망을 하지 말아야 하느니라. 선지식의 모든 행위를 허공 같이 여기고 공경 공양해야 할 것이다.

선지식이란 온갖 상(相:모습)이 공적함을 알아 집착과 번뇌가 끊어진 마음이 청정한 스승, 혼자만의 깨달음을 즐기지 않고 모든 중생과 더불어 함께 하려는 스승, 계율을 깨뜨리지 않고 중생들을 제도하는 스승이다. 어떻게 보면 우리 주변에서 얼마든지 찾을 수 있을 것 같지만 결코 쉽지 않다.

선지식은 범상한 것 같으면서도 범상치 않고, 낮은 것 같으면서도 낮지 않다. 왜냐하면 마음 가운데 나다, 너다라는 차별심이 모두 끊어졌고 잘났다 못났다 하는 분별심이 다 사라져 그 마음이 텅 비어 공하기 때문이다.

모든 행이 걸림없이 자유로워 나고 죽음의 경계를 초월했을 뿐 아니라 크나큰 자비를 항상 흘려 모든 중생을 깨우쳐 주고 제도해 준다. 올바른 선지식은 중생을 인도하고 가르치면서도 '나는 중생을 인도하고 가르치는 선지식이다' 라는 마음의 흔적을 일으키는 법이 없고 '나는 깨우쳤고 너는 못 깨우쳤다' 라는 식의 마음을 쓰지 않는다.

일체의 허식과 허상으로부터 홀연히 벗어난 가운데에서도 범속한 모습을 띠어 세간과 어울리되 거스름이 없다. 여기에 어찌 승속의 굴레가 있겠는가. 선지식의 바른 지견에는 승(僧)이라는 테두리도 없고 속(俗)이라는 테두리도 없다. 출가 스님의 모습을 했더라도 세속의 삶을 업신여김이 없고 속인 복장을 했더라도 출가 사문의 청정행을 져버리지 않으니 선지식의 기준을 출가 스님의 모습이냐 재가신도의 모습이냐로 구분지을 수는 없다.

그들 중에는 농사꾼도 있고 장사꾼도 있으며 사업가도 있고 벼슬아치도 있다. 재물을 모으고 가정을 가졌다고 해서 가볍게 여길 이유는 없다고 하는 것이다. 더구나 선지식의 교화방편은 그 변화를 측량할 길이 없어 하늘도 헤아리기 어렵다고 영가 선사(永嘉禪師)도 말하였다. 때로는 자비한 모습으로 고결하게 앉아 설법을 하기도 하지만 어떤 때는 아귀와 아수라의 모습을 나타내 화를 내고 욕심을 부리기도 한다. 배우는 사람으로서는 당연히 자비하고 고결한 모습에 대해서는 흠앙하는 마음을 가질 수 있겠지만 성내고 욕심내는 모습 앞에서는 믿음이 멀어지고 공경심이 떨어지기 쉽다.

자신을 맞춰주는 사람은 스승으로 삼을 수 있으나 자신을 거슬리는 사람은 스승으로 삼기 어려운 법이다. 이러한 일을 경계하기 위해 경에서는 선지식이 갖가지 경계를 드러내더라도 교만심을 내지 말고 귀의해야 한다고 하신 것이다. 즉 스승이 행하는 자취야 어찌 하든간에 그것을 보고 있는 공부하는 자기 자신의 마음을 조복받아야 된다는 의미이다.

이와 같이 구도의 길에 바른 선지식을 만나 제자된다는 것이 얼마나 어려운가를 알 수가 있다. 하기야 요즈음 같은 말법시대에는 그나마 인생의 스승을 찾겠다고 나서는 사람도 드물고 참으로 중생을 사랑하고 바르게 이끌어 보려는 눈 밝은 스승도 만나기 어렵다.

자칫하면 그릇된 스승을 만나 평생을 헛되이 소비하는 수가 있는가 하면 삿된 방편과 외도 수행법을 익혀 마음 가운데 마(魔)의 경계를 얻게 되는 수도 있으니 주의해야 될 일이다.

선지식과 악지식

『능엄경(楞嚴經)』에서는 절대로 의지해서는 안 될 스승에 대해서 소상하게 설하고 있다. 이를 크게 나누면 두 가지로 설명할 수 있는데, 첫번째는 그릇된 소견을 지닌 어떤 스승 가운데는 수행을 하는 도중 큰 깨달음을 얻었다고 스스로 착각한 나머지 자신을 부처님과 동일시하는 사람의 경우와 "나는 무슨 무슨 부처의 현신으로 가여운 너희들을 구제하러 왔다"라고 스스로 추켜세우면서 수행을 조금해서 얻은 힘으로 어리석은 무리들을 제압해 그의 권속으로 만드는 행위에서 잘 드러난다.

두번째는 정법을 닦지 않고 외도 수행을 한 스승에게 천마(天魔)나 대력귀(大力鬼) 같은 큰 능력을 지닌 귀신이 붙어 갖가지 신통력을 구사하는데 중생의 마음을 알기도 하고 전생을 알아 맞추기도 하며 불치병을 고치기도 하는 등의 불가사의한 행사를 하는 경우다. 이도 역시 자신을 구세주나 성인이라고 자찬하면서 "나는 세상의 흥망성쇠를 다 알 뿐만 아니라 무엇이든지 다 이룰 수 있다"고 큰 소리를 치면서 세력을 떨치는데 그를 받드는 제자들이 천도 넘고 만도 넘는다는 것이다.

『능엄경』에서는 특히 '자신을 스스로 깨달았다고 칭하는 자'와 '신통을 구사하는 자'들에 대해서 경계할 것을 요구한다.

이들 스승 대부분은 계율을 중히 여기지 않고 살생·음행·망어를 일삼아 세속의 법을 어기기 때문에 나중에는 그 과보를 받아 국법에 걸려 대가를 치르든지 죽은 후에 악도의 괴로움을 당한다고 한다. 역시 이와 같은 삿된 스승(이를 악지식이라 함)을 모시고 수행하던 제자나 추종자들도 그 과보로 후에 마민(魔民 : 마의 백성)이나 마군(魔軍)이 된다고 하였다. 올바른 선지식은 결코 신통능력이나 추종자들의 수에 관심을 두지 않는다.

가끔씩 일어나는 사건 중의 사이비 종교나 신흥 종교 등의 문제도 알고 보면 그릇된 기도나 수행의 힘을 올바른 것인줄 알고 스스로 착각하는데서 시작된 것이다. 불교계에도 미륵불의 기(氣)를 받았다느니, 관세음의 가피를 받았다느니, 삼생을 다 안다느니 하여 예언을 하기도 하고 병도 고치기도 하고 귀신을 부리기도 한다는 이들이 있는데 이는 모두 사마나 대력귀가 씌어서 일어나는 현상이지 결코 바른 지견을 지닌 스승들의 도력이라고는 할 수 없다.

정법은 결코 화려하지 않고 참다운 스승은 자신의 능력을 함부로 드러내지 않는다. 선지식의 관심은 오로지 수행하려고 찾아온 사람들의 마음에 항상 초점을 맞추고 있다. 씨앗이 꽃을 피우고 열매를 맺으려면 흙 속으로 들어가야만 된다. 그러면 흙은 그 씨앗을 품어주고 영양을 공급하여 많은 열매를 맺게 한다.

이처럼 부처의 씨앗을 지닌 수행자가 깨달음의 열매를 맺으려면 올바른 스승의 품 속으로 들어가야만 된다. 그러면 스승 역시 그 마음을 품어주고 길러주어 풍요로운 공덕의 열매를 맺게 할 것이다. 믿지 않는 사람에게서 마음의 힘이 나올 수 없다. 선지식을 찾고 선지식을 믿고 선지식을 공양하는 까닭은 인생의 방황을 그치고 깨달음을 성취하기 위해서다. 어쩌면 지금도 내곁 가까이에 계실지도 모를 선지식을 찾아보자. 스승을 만나려고 하는 자에게는 반드시 스승이 나타날 것이라는 달마 대사의 말씀을 꼭 기억할 필요가 있다. 과거의 선각자들은 스승의 발 아래 자신의 모든 것을 바쳤다.

거기에는 속을 바에야 크게 한 번 속아 보자라는 인생을 건 대도박의 결심도 있었을 것이다. 부처님 당시의 '포틸라'라는 늙은 비구는 일곱 살밖에 안 된 어린 사미를 스승으로 삼았는데 어린 사미가 "옷 입은 채로 연못에 빠졌다가 나와 보라"고 하자 즉시에 물에 뛰어들어 자신의 믿음을 보였다. 어린 사미가 포틸라 비구에게 그렇게 요구한 것은 포틸라 비구의 잘난 체하는 마음을 꺾기 위해서였다. 실은 어린 사미의 나이가 비록 일곱 살밖에 안 되었지만, 수행으로는 아라한의 경지에 오른 큰 스승이었던 것이다. 그로 인해 포틸라 비구는 어린 사미로부터 마음을 관찰하여 집중하는 수행방법을 익힐 수가 있었고 얼마되지 않은 기간에 도과(道果)를 성취하게 되었다.

솥을 아홉 번 고쳐 걸어도

과거 오대산에 구정 선사(九鼎禪師)라는 스님이 계셨는데 그 분의 스승이 무념(無念)이라는 분이었다. 구정 선사가 도를 배우러 무념 스님을 찾아가 인사를 드리자마자 "도 공부도 밥을 먹어가면서 해야 되니 밥을 지어야겠는데 밥 짓는 솥이 잘못 걸렸다. 저 솥이나 우선 잘 걸어 보아라"라고 하였다.

구정 선사가 솥을 보니 솥이 잘못 걸리지 않고 반듯하게 걸려 있었다. 이상하게 생각했지만 스승이 시키는 일이라 솥을 떼내고 솥걸이들을 전부 뜯어 다시 잘 걸었다. 그리고 나서 "솥을 다 걸었습니다"라고 말씀드리자 무념 큰스님은 다시 걸려진 솥을 보고는 "이게 솥이라고 걸은 거냐. 다시 걸어라 이놈"하고 화를 벌컥 냈다. 그래서 또 하는 수 없이 다시 솥을 걸었더니 "이것도 틀렸다. 다시 걸어라"하고 호통을 쳤다. 그 뒤로도 계속해서 이렇게도 걸어보고 저렇게도 걸었는데 그때마다 번번이 핀잔을 먹었다. 이러기를 아홉 번이나 되풀이하였다. 그 모습을 본 무념 큰스님은 비로소 "되었다. 네 그릇이 쓸 만하구나"하고는 제자로 받아주었다.

솥을 아홉 번이나 한 마디 불평 불만도 없이 고쳐 걸었다고 해서 법명을 '구정'이라고 지어주었던 것이다.

보통 사람 같았으면 한두 번 고쳐 걸고 나서 또 걸라고 하면 "공부할 데가 여기밖에 없을 줄 아느냐. 저 스님, 정신이 돌았나보다"하고 달아났을 것이다. 그러나 구정 선사는 도를 배움에 있어 마음 속에 나(我)라는 생각을 모두 다 버리고 스승의 뜻에 순종하였기 때문에 후에 도를 이룬 큰스님이 되었던 것이다. 이 분의 부도가 지금도 월정사 옆에 서 있다.

공덕 큰 기도

지금으로부터 15년 전 쯤에 입적하신 근래에 보기 드문 거사 선지식 중에 백봉 김기추(白峯 金基秋)라는 분이 계셨다. 부산에서 선풍(禪風)을 떨쳤던 백

봉 거사는 칼날 같은 지혜와 걸림없는 행각으로 실상(實相) 법문을 비오 듯 했다.

어느날 "반야는 허공과 같아 일체의 집착이 끊어졌다"고 설법을 하시고 나더니 법문이 끝나자마자 절 문 앞에서 학교 간 손녀를 안달하는 모습으로 서성대며 기다리기 시작했다. 제자 하나가 "스승님, 어찌 세속의 인연에 연연하십니까?" 하고 의아해서 물으니 냅다 작대기를 휘두르며 "이놈아, 너는 어찌 끊는 소식만 알고 잇는 소식은 모르느냐" 하고 야단을 치더라는 얘기가 있다.

필자도 과거에 선지식을 찾겠다고 이곳저곳 나름대로 방황한 적도 있었고 스승을 정해 십여 년간 모시고 공부한 적도 있었다. 당시에 스승의 잘하고 못하는 점에 마음이 걸려 많은 갈등도 느꼈고 분별상도 내었지만 모든 것을 항복받지 못했던 나의 탓이라고 여기고 난 지금은 그 과정들이 모두 하나의 큰 가르침이 되어 여태까지의 삶 가운데에 가장 값진 교훈이 되고 있다.

요즈음 보면 불교공부를 너무 쉽게만 하려고들 한다. 혼자 불경 사보고, 혼자 염불하고, 혼자 참선하면 될 것 같지만 절대로 쉬운 일이 아니다. 정기법회에 참석해서 듣는 대중설법 가지고는 불법의 진수를 알기 어렵다. 설법 많이 듣고 책 많이 보고, 큰스님 친견 많이 하는 일도 좋은 구도방법이겠지만 자신을 바칠 곳, 자신이 공경할 스승을 찾는 일이 더욱 확실한 구도일 수 있다. 좋은 스승을 꼭 만나게 해달라고 부처님께 발원하는 마음 가져보는 일은 어느 기도보다 공덕이 크다.

여러 가지 수행법 길라잡이

여러 가지 깨달음의 길

석가모니 부처님 당시의 제자들은 수행을 함에 있어 매우 다양한 주제와 방법들을 통하여 도를 깨달았다. 『법구경』이나 『아함경』과 같은 초기 경전을 보게 되면 부처님께서 제자들을 깨우쳐 주시는 데는 먼저 교화받을 상대의 근기를 완전히 파악하신 다음에 그에 맞는 주제와 방법을 선택해 준 것을 알 수 있다.

그 중의 첫째는 설법을 통한 방법이다. 실제로 많은 제자들은 직접적인 실천이나 수행 단계를 거치지 않았음에도 불구하고 단지 법문을 통해 깨달음을 얻었던 것이다. 그야말로 상근기(上根機)라고 할 수 있는 이들 중에는 녹야원에서 맨처음 도를 성취한 아약교진여, 몸에서 냄새가 났던 티싸 비구, 부처님의 시자였던 메기야, 재산가의 아들 잠부카, 왕자였던 마할리, 대부호 치타, 살인자 앙굴리마라, 아들을 잃었던 여인 게사고타미, 빔비사라왕의 부인 케마, 불행한 운명을 지녔던 파타차라 등이 그 예이다. 더욱 놀라운 일은 부처님의 게송 한 구절에 앉은 자리에서 몇 백 명이 동시에 깨달은 일도 있고,

심지어는 부처님의 얼굴만 보고서도 마음이 열린 경우도 있다.

그 다음은 어떤 수행 주제를 가지고 깨닫게 한 방법이다. 이 경우 대개의 주제는 불교교리의 핵심 사상이라 할 수 있는 삼법인(三法印, 일체는 무상이고 무아이며 고통이라는 사실)에 근거한 것들이다. 가령 썩어가는 시체를 보게 하여 깨닫게 했다든가, 타오르는 불에 마음을 집중하여 깨닫게 했다든가, 청소하는 중에 걸레가 닳은 모습을 관찰하게 하여 깨닫게 했다든가, 연꽃이 피고 지는 현상에 집중하여 깨닫게 했다든가, 흐르는 물에 마음을 집중시켜 깨닫게 했다든가 하는 등의 아주 많은 예가 있다.

그 다음은 직접적으로 훈련하듯 실제적인 방법을 통해서 깨닫게 한 경우다. 이 점에 있어 가장 기본이 되는 것이 그 유명한 팔정도(八正道)이다. 부처님께서는 항상 제자들에게 "여래가 깨달은 열반의 법은 오로지 팔정도의 실천에 의해서만이 가능하다. 팔정도에 입각하지 않은 수행방법은 모두 외도이다"(『유교경』)라고 하셨다.

잘 아는 바와 같이 팔정도는 부처님이 설하신 삼법인의 이치를 받아들여 믿고 확실히 이해할 것(正見), 그리고 이것을 반드시 깨달아 보겠다고 마음을 일으킬 것(正思), 항상 바른 말(正語)과 바른 행위(正業)와 바른 생활(正命)을 하고, 이러한 것들(앞 뒤에 열거한 일곱 가지 정도)을 항상 힘써 닦을 것(正精進), 바르게 마음을 집중할 것(正念), 집중된 마음이 바른 삼매가 되어 끊이지 않을 것(正定)이다.

이 가운데 처음의 정견과 정사는 지혜를 낳게 하므로 혜(慧, 반야)에 해당되고, 정어와 정업과 정명은 생활윤리로서 착한 법을 일으키므로 계(戒)에 해당되고, 정정진과 정념과 정정은 올바른 마음 집중에 의한 삼매를 낳게 하므로 정(定)에 해당된다. 이렇게 볼 때 불교교리의 핵심인 삼법인(三法印), 팔정도(八正道), 삼학(三學)은 독립된 교설이 아닌 아주 밀접한 수행체계적 성질을 가진 교설이다.

수행법

특히 이 중 정념(正念)은 수행인이 깨달음을 얻는 데 가장 중요한 훈련 방법에 해당된다. 그리고 이 정념은 바로 부처님 당시부터 있어 왔던 아나파나(ānāpāna)와 비파사나 수행법을 낳게 되었다. 부처님과 제자들이 직접 실천했던 수행법인 이 아나파나와 비파사나는 현재까지 태국, 미얀마 등 남방불교권에 그대로 전승되었다.

이러한 수행법은 대승불교권인 우리나라에서도 요즘 들어 일반의 관심과 함께 조금씩 보급되고 있다. 그렇다면 아나파나와 비파사나는 과연 어떠한 수행법일까. 우선 아나파나 수행이란 들이쉬는 숨과 내쉬는 숨을 관찰하는 방법으로 수식관(數息觀), 혹은 호흡관이라 한다. 즉 몸의 무상(無常), 생멸(生滅)을 가장 잘 나타내 주는 호흡에 마음을 집중시켜 번뇌를 초극하고 선정(禪定)을 이루어 깨달음을 성취하는데 그 방법은 『아나파나사티경』(Ānāpānasati-sūtra 安般隨意經)에 잘 나타나 있다. 그리고 다음의 비파사나는 전체를 관찰한다는 뜻으로서 『대념처경』(大念處經 : Māhasatipatana-sūtra)에 나타나 있는데 마음을 네 곳에 두어 관찰하는 수행법이다. 이 네 가지란 몸〔身〕·느낌〔受〕·흐르는 마음〔心〕·인식대상〔法〕이다.

가령 몸이 숨을 쉴 때는 숨에, 눈을 껌벅일 때는 눈에, 소리를 들을 때는 소리에, 음식을 먹을 때는 음식을 먹는 행위에, 냄새를 맡을 때는 냄새에, 걸을 때는 다리의 움직임에 그 마음을 아주 세밀하게 일일이 관찰하는 법이다.

또 몸에 아픈 느낌이 오면 아픔에, 가려움이 오면 그 가려운 느낌에, 추우면 추운 느낌에, 맛이 있으면 맛에, 즐거우면 그 즐거운 느낌에, 고통스러우면 고통스러운 느낌에 마음을 집중시킨다.

이러한 수행이 더욱 훈련되면 나중에는 일고 꺼지는 마음의 현상들을 관찰하게 되며, 아울러 마음에 비친 온갖 대상의 변화들이 순간순간 포착·관찰되어 그 마음이 늘 지극한 '현재의 자기 자신'의 모습임을 깨닫게 된다. 따라서 일체의 속박으로부터 벗어나 열반을 체득한다는 것이다.

불교의 모든 수행이 다 그렇겠지만 특히 비파사나는 매우 세밀한 전문성을 요하기 때문에 특별한 지도를 받아야 한다. 이 수행은 우리나라에서는 아직 초기 보급단계에 와 있고 전문적으로 수행하여 그 깊이를 다 파악한 사람이 드문 상태이기 때문에 배우기가 용이하지 않다.

이렇게 볼 때 초기불교 수행의 공통된 점은 매우 현상적 부분들에 초점을 맞추어 수행의 주제로 삼았다는 점을 알 수 있다. 즉 눈·귀·코·혀·뜻으로 식별하고 관찰될 수 있는 것들을 수행재료로 삼았다는 것이다.

이 초기불교의 수행법에는 현재 우리 불자들이 흔히 수행이라고 생각하는 것들, 즉 스승이 제자에게 던져주는 생각으로는 풀 수 없는 거대한 수수께끼를 집중적으로 의심하여 탐구하는 화두선법, 불보살의 명호에 마음을 집중하여 번뇌를 초극하는 염불법, 불보살 앞에 자신의 죄업을 낱낱이 들춰내어 마음을 맑히는 참회법, 불보살의 원력이 담긴 신비한 주문을 통해 불가사의한 공덕을 깨닫는 주력법, 중생의 미망과 아집을 부처님이 설하신 교법을 수지 독송함으로써 깨뜨려 대광명의 참마음을 회복케 하는 간경법 등은 보이지 않는다.

『능엄경』에는 큰 깨달음을 성취하는 방법으로 25방편을 설하고 있고, 『원각경』에서는 사마타(止, 번뇌를 그침)·삼마디(三昧, 마음 집중)·삼마발제(三摩跋提, 觀)의 세 가지와 더불어 역시 25방편을 설하고 있지만 이해하기가 용이하지 않다.

이러한 방편들은 모두 후대에 석가모니 부처님의 깨달음을 중생들에게 더욱 명료화시키고 간결화시킨, 발전된 수행법이라 말할 수 있다. 사실 초기불교시대에 실천되었던 수행법이 모두 무상이라는 대전제를 관찰하는 데에만 있다 보니 일반 중생들에게 염세주의적 경향을 갖게 한 점도 없지 않다.

마조와 혜장(慧藏) 선사

대승불교에서는 수행의 재료를 호흡이나 몸, 느낌, 대상 등의 다양한 곳에 두지 않고 단지 마음 하나에 초점을 두었다고 볼 수 있는데 그것을 잘 나타내주는 말 중 하나가 "일심관법 총섭제행(一心觀法 總攝諸行, 자신의 마음 하나

90

를 관찰하는 것으로 모든 수행방법을 실천하는 것)"이다.

대승불교의 관점에서 볼 때 이 마음이야말로 몸과 세계를 분별하는 주체이다. 번뇌를 일으키고 고통을 야기시키는 것도 마음이며 생사를 윤회하는 것도 마음이다. 그러므로 이 마음만 깨뜨리면 일체의 고통으로부터 벗어나 해탈을 이룰 수 있는 것이다. 중생의 마음은 깊이 세간에 집착하여 끊임없이 짓고 부수기를 거듭한다. 온갖 가치를 창조하기도 하고 추구하기도 한다. 대승불교에서는 온갖 법의 주체인 이 흐르는 마음 하나를 관찰하는 일로서 삼법인·삼학·팔정도 등의 온갖 다양한 수행을 구비한다라고 말하는 것이다.

'거짓 나'인 육신과 마음에 대한 집착을 벗어나 깨달음을 이루려면 마음을 잘 굴복시켜야 되고 잘 다스려야 되며 잘 붙잡아야 된다. 폭류처럼 흐르는 자신의 마음을 철저히 살피고 조복시켜 윤회의 뿌리를 뽑아내면 진정한 깨달음이 열리는 것이다.

바로 이러한 작업이 염불이요, 참회요, 화두요, 간경이요, 주력이다. 찰나간의 마음 살림을 확실하게 알아채는 이 공부야말로 불교수행의 핵심이요 요체라 할 수 있다. 부질없이 세속의 욕망만을 채우기 위해 명산대찰이나 찾고 기적이나 신통을 구하려고 영험 도량이나 기웃거리는 사람은 결코 성불과는 거리가 멀다.

부처님 가르침 안에서 행하는 것들, 예컨대 초를 켜건, 향을 꽂건, 공양을 올리건, 절을 하건 이는 모두 다 마음 하나 깨달으려는 방편이요 수행이다. 바깥 대상을 향해 치닫는 마음을 살피고 되돌리는 일이 바로 참되게 수행하는 법이요, 사랑과 미움의 경계를 조복받으려고 노력하는 일이 바로 해탈을 이루는 법이다.

좋은 예로 중국 당나라 때의 스님 가운데 혜장(慧藏)이라는 선사가 계셨다. 혜장 선사는 본래 직업이 사냥꾼으로 살생을 많이 하고 다니는 사람이었다. 어느날 한 떼의 사슴을 좇다가 우연히 암자 앞을 지나게 되었는데 마침 밖에 나와 있던 당시의 고승 마조(馬祖) 선사와 마주치게 되었다.

혜장이 물었다.

"스님 혹시 사슴이 지나가는 것을 못보셨습니까?"

이에 마조 선사가 되물었다.

"그대는 누구인가?"

"사냥꾼올시다."

"그렇다면 화살을 잘 쏘겠군."

"예, 반드시 적중시킵니다."

"그럼 화살 한 대로 몇 마리나 잡을 수 있나."

"화살 한 개로야 한 마리밖에 더 잡겠습니까?"

"신통치가 못하군."

"아니 그럼 스님은 얼마나 잘 쏘십니까?"

"단 한 번에 떼거리 짐승을 잡는다네."

"이도 저도 다 생명이 있는 것들인데 어찌 스님으로서 한떼씩이나 잡는 겁니까?"

"그렇게도 잘 아는 자네가 왜 자신은 잡으려 하지 않는가?"

이 말에 혜장이 큰 충격을 받아 "저 자신을 잡으려 해도 어떻게 손을 쓸 수가 없습니다"라고 대답했다.

다시 마조 선사가 말했다.

"이 사람아, 이제 자네의 끝없는 무명번뇌는 멀리 날아가 버릴 걸세."

그 말에 혜장은 그 자리에서 활과 화살을 꺾어 내팽개치고 몸소 삭발한 다음 마조 선사 밑으로 출가를 했다.

그뒤 어느날 혜장이 부엌에서 밥을 짓고 있는데 스승 마조 선사가 물었다.

"자네 무엇을 하는가?"

"예, 소를 먹이고 있습니다."

"어떤 식으로 먹이는가?"

"소가 풀밭을 향하면 재빨리 고삐를 나꿔챕니다."

"자네야말로 진짜배기 목동이군."

후에 혜장은 크게 깨닫고 후학들을 교화해 나가는데 누가 수행을 물어오면 "화살을 보라"고 외쳤다 한다.

열린 눈으로 근본을 찾아야

우리는 여기서 아주 중요한 몇 가지 사항을 발견할 수 있다.

첫째는 아무리 중한 죄를 짓고 악한 일을 한 사람도 마음 한번 돌리면 그

죄와 악으로부터 벗어날 수 있다는 사실이다. 스승 마조는 밖을 향해 한정없이 치닫는 혜장의 헐떡이는 마음을 곧바로 돌려주어 내면의 화살을 쏘게 한 것이다. 단 한번에 떼거리 같은 짐승마음을 잡아준 것이다.

둘째는 수행하는 마음을 소먹이는 일〔飯牛〕에 비유한 일이다. 소를 먹인다 함은 마음의 공덕을 쌓는다는 의미이다. 마음의 공덕은 밖을 향해 찾는 것이 아니다. 오직 자신의 일고 꺼지는 마음의 현상을 관찰할 뿐이다. 소가 풀밭을 향한다는 것은 마음이 바깥경계를 좇아 분별을 낸다는 뜻이요, 고삐를 나꿔챈다는 것은 회광반조(廻光反照 : 돌이켜 자신을 비춘다) 하여 지혜를 얻는다는 뜻이다.

셋째는 수행을 화살에 비유한 점이다.

화살은 항상 상대를 향해 겨눈다. 중생의 어리석은 마음도 그와 같아서 항상 그 마음이 대상을 향해 날아간다. 그러나 수행자는 사랑과 미움의 화살, 옳고 그름의 화살 등을 돌이켜 자신을 향해 끊임없이 쏘아야만 된다.

이 예화를 우리가 바로 이해한다면 불교 수행의 목적은 물론 여러 방법들이 지닌 공통점이 어디 있는가를 쉽게 알 수 있을 것이다.

문제는 참선이냐, 염불이냐, 참회냐 하는 나름대로의 수행방법을 가지고 자신의 무명을 어떻게 하면 벗어날 수 있는가에 그 초점을 맞추는 것이 선행되어야 한다.

경전, 이렇게 읽는다

간경자 혜안통투(看經者 慧眼通透)라, '경전을 보는 사람은 지혜의 눈이 크게 열린다'는 뜻이다. 불교의 모든 경전에는 각기 그 내용에 대한 찬탄과 더불어 수지독송의 공덕에 대해 설해져 있다. 만약 어떤 사람이 경전 전체는 물론 경전의 제목이나 글귀 하나만이라도 받아 지녀 읽고 외우고 남을 위해 설해주면 무량·무수·무변의 복락을 성취한다고 가르치는 것이다.

경전을 읽는 것을 보통 독경(讀經)·간경(看經)·전경(轉經)이라고 하는데 독경은 소리를 내어 크게 읽는 것을, 간경은 그 뜻을 음미하면서 읽는 것을, 전경은 자신의 마음으로 경전을 굴리면서 읽는 것을 말한다. 특히 전경은 경전을 읽되 그 내용이 본래 자신의 마음 속에 갖추어져 있음을 알고 한 자 한 자를 통해 오히려 마음을 보는 법이라 하겠다.

예를 들어 『반야심경』을 읽는 사람이 마음을 『반야심경』의 글자에만 치우쳐 읽는 것이 아니라, 자신의 마음이 곧 반야임을 알고 읽는 것과 같다. 좀 이상한 말 같지만 『반야심경』 속에는 반야가 없고 반야에 의해서 『반야심경』이 나왔다. 반야는 읽는 사람 자신의 마음에 본래 깃들어 있기 때문이다. 이렇듯 우리 불자가 경전을 읽는 것은 경전을 통해 스스로의 마음을 보기 위해서이고 알기 위해서이다.

경전에 묶이지 말아야 한다

중국의 유명한 선사 육조 혜능 큰스님도 제자 법달 스님이 『법화경』을 달달 외우는 모습을 보고 "법달아, 그대가 법화경을 굴리느냐 법화경이 그대를 굴리느냐"하고 물은 적이 있다. 법달의 마음에 지혜가 있어 『법화경』의 뜻을 깨달으면서 자신이 마음의 주인이 되어 읽는 것인지, 아니면 『법화경』 속의 글귀에만 얽매여 입으로만 읽는 것인지를 확인시켜 주기 위한 것이었다. 이점이야말로 불경을 독송하는 사람들이 사려(思慮)해야 될 부분이다.

필자도 법회 지도를 하면서 종종 접하는 경우인데, 다른 단체에서 잘못 인도를 받다가 찾아온 불자 중에는 "어떤 스님께서 저에게 전생에 지은 업이 많기 때문에 하루에 『지장경』을 열독씩 삼 년간 해야 한다고 하시는데 도무지 생활형편상 지킬 수가 없습니다. 그렇게만 하면 제가 지은 잘못된 업이 모두 소멸되어 행복해질 수 있다고 하셨는데, 요즈음 제 사정이 어려워지고 집안에 우환이 있는 것이 혹시 독경을 하다가 그만 두어 그런 것 아닙니까?" 하는 류(類)의 질문을 하기도 한다.

이거야말로 곤란한 물음이 아닐 수 없다. 불경은 중생의 고통을 녹여주고 고정화된 가치를 벗어나게 하며 어리석음과 미망을 깨뜨려주는 데 목적이 있다. 그런데 이런 경우는 오히려 불경이 사람을 묶게 한 경우다. 『지장경』을 읽으면 기쁨과 자유를 느껴야 할텐데 도리어 『지장경』에 집착해서 구속을 받게 된다면, 이는 마치 병을 앓고 있는 사람에게 준 약이 병을 낫게 하지 않고 도리어 중독에 걸리게 한 것과 같다. 중생의 구속을 풀어주기 위해 경을 수지독송하는 것인데 거꾸로 수지독송이 중생을 묶어 버렸으니 우리 주변의 불자들 중에는 그런 경우가 상당 수 있다고 본다.

그리고 또 한 가지는 불경을 수지독송하는 사람들 중에는 경전 수지독송의 목적이 매우 기복적이고 세속적인 것에 치우쳐 있다는 점을 지적하고 싶다. "『지장경』은 죽은 사람 천도할 때 읽는 경이고 『관음경』은 산 사람 축원할 때 소원 성취하라고 읽는 경이라면서요?"라고 묻는 사람이 있는가 하면, "『금강경』은 모든 것이 허망하다고 가르치니까 원(願)을 세운 사람에게는 맞지 않는다는 데요"라고 하는 데는 답변하기가 쉽지 않다.

혹자들 중에는 독송하면 좋다는 온갖 경전을 하루종일 외워대면서도 작은 경계에 따른 마음 조절 하나 제대로 못하고 툭하면 화내고 분별하고 상(相) 짓는 예가 허다하다. 욕심 채우려고 경전에 매달려 있는 이 사람들은 믿음의 견고함은 바위 같을지 모르나 방향이 거꾸로 틀어져 있기 때문에 하행선을 타고 서울을 가려는 꼴이 되기 마련이다.

우리가 경전을 수지독송하고 익히는 까닭은 경전 속의 선지(禪旨 : 참마음을 드러내기 위한 수행법)를 발견하고 실천하여 그 경전의 큰 뜻을 깨치기 위해서이다.

정견과 정정을 수반한 수지 독송

『금강경』 수지독송을 통해서 금강반야를 체험하고『원각경』 수지독송을 통해서 원각의 마음을 증득하며『반야심경』 수지독송을 통해서 허공 마음을 볼 수 있다. 또한『관음경』을 통해서 무연대비(無緣大悲)의 마음을 드러내고『지장경』을 통해서 지옥고의 마음을 깨뜨려 광명심을 얻는다. 『아미타경』을 통해서 마음 정토를 보고『법화경』을 통해서 부처님의 대비를 체험하고 만법의 실상을 깨닫는다.

그럴려면 우선 자신이 독송하는 경전의 내용에 대해 잘 아는 것이 중요하다. 경전을 수지독송하기에 앞서 경전에 대한 믿음과 이해가 있어야 한다. 경전에 대한 바른 이해는 중생의 잘못된 가치관을 바로 잡아주고 불자가 도달해야 될 목표가 어디 있는지를 확실하게 정해 주는 역할을 한다.

경전의 내용을 잘 파악해서 이해하는 것, 이것을 필자는 경전 수지독송 수행방법 중 정견(正見)에 해당한다고 본다. 정견이 없다면 정정(正定 : 바른 마음 집중)이 이루어지지 못하고, 정정이 없으면 정지(正智 : 바른 지혜)가 열리지 않는다. 경전의 내용이 무엇인지 제대로 파악해 보지도 않고 좋다니까 무작정 읽어대면 동서남북도 모르는 사람이 배를 타고 바다에 들어가는 것과 같이 삿된 신앙에 흘러들 수가 있다.

어차피 경전공부는 상근기가 아닌 바에야 처음부터 독학할 수 없는 일이다. 올바른 선지식을 찾아가든지, 경전을 바르게 지도할 스승을 찾아가든지 하여 경전에 대한 충분한 지식을 습득한 후 수지독송함이 좋다.

간경

부처님께서 경전을 수지독송하라고 하신 까닭은 간경을 통하여 중생심을 깨뜨릴 수 있다고 보셨기 때문이다. 경전에 대한 바른 이해로 인한 정견은 집중적인 수지독송을 통하여 정정을 수반하게 된다. 다시 말해서 경전에 대한 바른 이해는 정견이 되고 수지독송은 정정이 되어 마음의 지혜인 정지를 얻게 되는 것이다.

필자는 『금강경』을 수행 의지경으로 모시고 공부하는데 『금강경』 가운데서도 사구게(四句偈)를 수지독송한다. 신기한 것은 경전이나 사구게를 수지독송하면 수지독송하는 만큼 큰 가피가 내면으로부터 솟아남을 느낄 수가 있다. 특히 마음에서 일어나는 수많은 갈등과 불화와 고집, 예컨대 '좋다 싫다, 밉다 곱다, 이것은 꼭 이러 저러 해야 된다' 등의 분별작용이 일어날 때 순간순간 수지독송했던 글귀들이 마음으로부터 튀어나와 소멸시켜주고 녹여주는 것을 체험한다. 한때는 『금강경』을 수지독송하는 중에 마음에서 산이 무너지는 소리를 듣고 큰 기쁨과 자유, 그리고 감사함을 느꼈는데 그때의 감동을 잊을 수 없다.

아상(我相:나라는 집착과 환상)을 깨뜨리는 삶이 불교의 삶일진대 정견에 입각한 경전의 수지독송이야말로 또 하나의 선(禪)이라고 말할 수 있다. 문자를 통해 문자가 끊어진 마음을 꿰뚫을 수 있다면 경이 곧 선으로 들어가는 지름길이 될 수 있지 않겠는가 하는 말이다. 만약 그렇게 되면 독송을 위한 독송이 아닌 독송을 벗어나기 위한 독송이 될 것이다. 경전을 통해서 경전 너머의 세계를 보는 일, 이것이야말로 간경 수행의 목적이라 할 수 있다.

털끝 만큼도 흘려버릴 게 없다

그렇다면 간경은 어떤 자세로 행해야 하는가. 경훈(警訓)에는 보령 용선사(保寧 勇禪師)라는 분이 다음과 같이 경을 보는 자세에 대해서 말하고 있다.

경 보는 법을 후학에게 보여 알게 하고자 하니, 마땅히 삼업(三業)을 맑게 하라. 삼업에 이지러짐이 없으면 백 가지 복이 함께 모인다. 첫째는 몸을 단정히 하고 바로 앉되 불경을 부처님이나 임금님을 대한 것처럼 존중히 하여 신업을 맑힐 것이요, 둘째는 경전을 읽는 도중 입으로 잡된 말이나 우스갯 소리를 끊어 구업을 맑힐 것이며, 셋째는 경전을 새기는 그 뜻이 어지럽지 않고 난잡하지 않아 만 가지 인연이 아울러 쉬어 뜻의 업을 맑힐 것이다.

속마음이 이미 고요하고 바깥 경계를 함께 버려야 바야흐로 경전이 깊은 뜻과 하나가 되어 진리를 규명하게 되니 비유하면, 물이 맑으면 빛이 어리고 구름이 흩어지면 달이 밝게 빛나는 것과 같도다. 이렇게 될 때 경전의 바다와 같은 뜻이 가슴에 용솟음치고 산과 같은 지혜가 귀와 눈에 역력할 것이다. 부디 가볍게 여기지 말라. 경전을 보는 것은 진실로 작은 인연이 아니니라.

이 말씀에 비추어 본다면 간경 자체가 이미 삼학(三學 : 계·정·혜)을 닦는 일이다.

경전이 있는 곳이 부처님이 계신 곳이며 호법신중들이 있는 곳이라고 『금강경』에서도 말씀하셨다. 그러므로 경전을 공부할 때는 반드시 부처님을 직접 뵙고 가르침을 듣는 마음가짐으로 읽어야 한다. 읽을 때 한 글자 한 글자의 뜻을 음미하고 이해하면서 또박또박 읽어 내려간다. 경전은 삼보 가운데 법보에 해당하는 귀중하고 성스러운 의지처이다.

경전은 항상 깨끗하게 취급해야 하고 세속의 잡서나 외도 경전이 있는 곳에 함께 비치하거나 꽂아두어서는 안 된다. 경전 주위는 항상 청결하게 하고 잡다한 도구들을 올려 놓거나 낙서를 해서는 안 된다. 너무 엄격한 얘기라고 할지 모르나 과거 선지식들은 경을 읽을 때 잡념이 생기거나 기침이 나거나 사람이 찾아오면 경전을 덮었고, 아무리 부피가 작은 경이라 할지라도 두 손으로 받들거나 머리에 이고서 이동하였다.

경전에 대한 존중심이 없다면 독송을 제 아무리 한들 무슨 소용이 있겠는가. 간경자는 항상 깨끗한 몸과 입과 마음으로 책상 위에 경전을 모시듯 펼쳐놓고 자세를 바르게 한 다음, 소리를 내어 읽든지 마음 속으로 읽든지 한다. 읽을 때에는 한 자 한 자의 뜻을 깊이 음미하고 이해하되 자신의 마음이 관조되도록 해야 한다.

경전에 보면 '불고(佛告) ○○'가 나온다. 『금강경』에는 수보리가, 『원각경』

에는 문수보살을 비롯한 열 두 제자가, 『반야심경』에는 사리불 등이 교화대상의 대표로 나오는데 이것을 대고중(對告衆)이라 한다.

경전마다 이런 식으로 나오는 수많은 대고중의 이름이 나올 때 경전을 보는 사람은 그 이름이 자기 자신을 가리키고 있다고 믿어야 한다. 부처님께서 수보리나 문수보살, 사리불, 아난다 등에게 설하고 계신 게 아니라 바로 지금 경전을 보고 있는 나 자신에게 말씀하고 있는 것이라고 믿어야 한다.

그리고 또 지금 읽고 있는 이 설법이 과거 2천5백 년전에 인도에서 하신 설법이라고 여기지 말고 지금 이 자리에서 부처님께서 나의 입을 빌려 나의 귀에 설하고 계신 것이라고 여겨야 한다. 이렇게 몸과 눈과 입과 귀와 코와 (숨을 쉬면서 읽어야 하니까) 뜻과 법문이 일체가 되어 경전을 읽을 때에 비로소 지혜가 열리는 것이다.

한국불교의 대 선각자 보조(普照) 큰스님은 정혜결사운동의 실천서라 할 수 있는 『계초심학인문(戒初心學人文)』에서 경전공부하는 사람이 지녀야 할 법을 말씀하셨는데 그중에서 강조되는 것이 "반드시 스승이나 선지식에게 묻거나 지도를 받으면서 읽으라"는 부분이다.

"법문을 듣거나 공부할 때는 살얼음을 밟는 듯 주의하여 반드시 눈과 귀를 기울여 깊은 말씀을 듣고 감각기관의 감각대상을 깨끗이 해야 한다. 그윽한 이치를 관찰하되 법당에서 물러 나와서는 조용히 앉아 법문을 기억해 보고 혹시 의심되는 바가 있으면 반드시 스승에게 여쭈어야 한다. 저녁에 의심되는 것은 아침에 물어 털끝만큼이라도 모르고 흘려 보내서는 안 된다. 이러한

102

정도는 되어야 능히 바른 믿음을 지니고 도를 가슴에 품고 사는 자라 할 수 있으리라"고 하였다.

안타깝게도 지금도 경전을 읽는 데 많은 불자들이 그 방법과 목적을 잘못 이해하여 주술화되고 신비화된 가피력 중심의 독송 형태를 벗어나지 못하고 있다. 스승이나 인도자도 없이 혼자 속사포 처럼 읽어내려가는 독송이 과연 법을 깨닫고 해탈을 성취하는 데 무슨 도움이 되는 것인지 스님이나 법사, 그리고 신도가 함께 돌아볼 일이다.

아유일권경(我有一卷經)
불인지묵성(不因紙墨成)
전개무일자(展開無一字)
상방대광명(常放大光明)

나에게 한 권의 경전 있으니
종이와 먹으로 쓴 것이 아니다
아무리 펴봐도 한 글자도 없건만
언제나 큰 광명 발하고 있다.

삿된 염불과 바른 염불
-염불하는 법-

여러 가지 염불

우리 속담에 "노는 입에 염불하라"느니 "급하면 관세음보살"이라느니 "까마귀도 염불한다"느니 하는 등의 염불에 관한 말이 무척 많다.

이는 불교를 믿건 믿지 않건 염불이 우리 삶에 얼마나 큰 영향을 끼치고 의지처 역할을 하게 했는가를 알 수 있게 하는 표현들이다. 지금도 불교인들의 신행방법으로 가장 많이 통용되고 있는 이 염불법은 행하는 사람마다 명호나 목적이 다르지만 현재의 고통과 장애를 벗어나 부처님의 공덕을 누리겠다는 의지는 한결같다고 할 수 있다.

염불은 글자 그대로 부처님이나 보살님의 이름에 마음을 끊임없이 집중하는 것이다. 염불(念佛)이라는 용어 중의 염(念)은 팔리어 삿티(satti)에서 나온 말로 단순한 생각이 아닌 '집중한다'는 뜻을 가지고 있다. 즉 부처님이나 보살님의 명호로 마음을 집중시켜 번뇌와 망상을 없애고 일체의 고통을 소멸하여 깨달음을 이루는 것이 염불의 참뜻이라 할 수 있다.

흔히들 염불은 그저 불보살의 이름을 입으로 부르고 되뇌이는 것으로 알고 있다. 그런데 불교수행의 요전(要典)이라 할 수 있는 『능엄경』을 보면 염불에 대해서 석가모니 부처님께 대세지보살(염불하는 모든 중생을 극락정토에 태어나도록 큰 용맹심을 일으켜주는 보살)이 아뢴 부분이 나온다.

"세존이시여 제가 아득한 과거 항하사 겁 전에 초일월광(超日月光)이라는 부처님을 만나 염불삼매를 배웠사온데 그 부처님께서 제게 설하시기를, 시방의 여래가 중생을 생각하는 것이 어머니가 자식을 사랑함과 같지만 만약 자식이 구태여 도망친다면 아무리 생각한들 어찌 하겠느냐. 자식이 만약 어머니를 생각하되 어머니가 자식을 생각하는 것처럼 간절하면 그 모자(母子)는 생이 아무리 바뀌어도 멀어지지 않는 것처럼, 중생이 마음으로 부처님을 기억하고 부처님을 염한다면(憶佛念佛) 현생에나 내생에 틀림없이 부처님을 볼 것이며 언제나 부처님과 함께 하여 어려운 방편을 빌리지 않아도 스스로 참마음이 열리리니, 향수를 바른 사람의 몸에 향기가 있는 것과 같으니라"라고 하셨나이다.

저는 이리하여 처음 발심할 때부터 염불하는 것으로 깨달음을 이루었고, 그 힘으로 이 세계의 염불하는 사람들을 거두어 정토에 돌아가게 하나이다.

이는 염불수행의 특징이 어디에 있는가를 아주 잘 나타낸 귀절이라 할 수 있다. 그 가운데에서도 가장 중요한 것은 부처님 생각하기를 어머니와 아들 사이와 같이 해야 한다는 부분이다. 부처님을 만나는 것, 이는 우리 모든 불자들이 신명을 바쳐 추구해야 할 과제이며 성취해야 할 목표이다.

현재 우리 불자들이 염(念)하는 불보살의 명칭을 대충 열거해 보면 석가모니불·아미타불·미륵존여래불·약사여래불·관세음보살·지장보살 등이다.

불보살을 염하는 근거는 나름대로의 소의경전에 의해서인데 석가모니불은 교조이시니까 당연하고 아미타불은 정토삼부경에서, 미륵존불은 미륵삼부경에서, 약사여래불은 『약사여래본원경』에서, 관세음보살은 『관음경』에서, 지장보살은 『지장보살본원경』에서 각기 그 명호를 찾을 것을 강력하게 권장하고 있다.

정토삼부경 의 하나인 『무량수경』에 "누구든지 아미타불의 명호를 듣고 그지없이 기뻐하여 아미타불을 다만 한 번만이라도 염한다면 이 사람은 바로 큰 이익을 얻을 것이다"라고 설한다. 『아미타경』에도 "만약 착한 사람들이 아미타불이라는 명호를 굳게 지니어 하루 내지 이레 동안이라도 한결같이 명호를 염하여 마음이 흩어지지 않으면 아미타불과 극락정토를 보게 되고 왕생하게 된다"고 설하고 있다.

미륵삼부경 중 『관미륵 상생 도솔천경』에서는 "단지 한 찰나 동안만이라도 미륵의 이름을 염한다면 그 사람은 1천2백 겁 동안 생사의 죄로부터 벗어나리라"라고 설하고 있으며, 『약사여래 본원경』에서는 "선남자여, 만약 병이 들거나 악귀의 해를 입거나 여러 가지 재난을 만날 때, '약사여래불' 명호를 외우고 염하면 모두 벗어나게 되고 일체의 악업과 고통으로부터 해탈하게 되느니라"고 설하고 있다.

『관음경』에서는 "선남자여, 만약 한량없는 중생이 모든 고뇌를 받을 때에 관세음의 이름을 듣고 일심으로 염하면 다 해탈을 얻게 되느니라…… 누구든지 관음력을 염하면 모든 원망과 두려움이 물러가리라. 이런 고로 모름지기 항상 염하여 순간순간에도 끊이거나 의심하지 말라. 관세음의 맑고 성스러움은 고뇌와 죽음의 액운에서 능히 의지처가 되리라"라고 설하고 있다.

『지장경』에는 "만약 미혹 속의 모든 중생이 지장보살께 잠시라도 쉬임없이 귀의하여 염불하고 예불하며 공양한다면 중생의 온갖 고통을 여의게 하고 모든 소원을 지체없이 거두어 해탈도에 들게 한다"고 설하고 있다.

이처럼 많은 경전에서는 저마다 설하고 있는 불보살의 우월성을 강조한다. 『정토경』에서는 아미타불을, 『미륵경』에서는 미륵불을, 『약사경』에서는 약사여래를, 『관음경』에서는 관세음보살을, 『지장경』에서는 지장보살을 제일로 찬탄·칭송하면서 중생들에게 적극 귀의하고 염할 것을 권장하고 있다. 왜냐하면 이렇게 요구하고 있는 경전 속의 불보살은 어느 분보다도 중생을 향한 원력이 크기 때문이다. 신통하고 불가사의한 능력과 자비를 지닌 다양한 불보살의 이름들은 어찌보면 다신론(多神論)적이고 교체신론(交替神論)적인 성격을 띠고 있다.

깨달음의 다른 이름 불보살

불교에 대한 신앙관이 제대로 자리잡히지 못한 신도들에게는 일말의 혼란도 없지 않은 이러한 부분은 염불수행의 본질을 깨닫게 하는데 적지 않은 어려움이 있다고 생각된다. 다른 종교는 하나의 신만 찾고 매달리면 다 해결된다고 가르치는데, 불교는 다양한 형태와 속성을 띤 불보살을 모두 신앙의 대상으로 삼다보니 통일되고 일관된 신행의식이 결여되고 있다. 마치 목적지를 향해 여행을 떠나는 사람이 한 길을 택해서 가지 못하고 여러 갈래길을 택해서 가려는 것처럼, 그저 이 부처, 저 보살 있는 대로 모두 찾고 염하면 다 해결되는 것으로 알고 있다.

그러다 보니 절마다 행하는 염불법이 다르고 의식 때마다 염하는 명호가 다르다. 법회 때는 석가모니불을, 극락세계 가려는 이는 아미타불을, 몸이 아프면 약사여래불을, 말세에는 미륵존여래를, 소원 성취를 위해서는 관세음보살을, 죽은 사람 위해서는 지장보살을, 귀신 쫓을 때는 화엄성중(華嚴聖衆)을 염불한다. 이런 식의 염불은 자연스럽게 세속의 욕망을 해결해 주는 기복 방편이 되어 버렸고 이름만을 섬기는 맹신앙이 되어 버렸다.

그렇다면 이를 해결하기 위해서는 어떻게 해야 할 것인가. 우선 위에서 말한 많은 불보살들이 지닌 공통된 원리와 속성을 이해해야 한다. 불경에 나타나고 있는 수많은 불보살들은 신적 존재가 아니다. 불교의 교조이신 석가모니불을 제외한 불보살들은 엄밀히 말해 역사적 실재 인물도 아니고 어떤 고정된 모습을 한 인격체도 아니다. 다만 이분들은 모두 석가모니 부처님의 깨달음 속에 내재하는 다양하고도 무량한 공덕의 원리를 각기 다른 이름으로 표현했을 뿐이다.

이름이 아무리 많아도 깨달음이라는 하나의 바탕에서 나왔음을 이해한다면 석가가 아미타고 아미타가 관세음이고 관세음이 지장이고 지장이 약사여래라는 것을 깨닫게 된다. 깨달음 속에는 나고 죽음이 없는 영원한 생명이 있으니 아미타불(수명이 한량없는 부처)이요, 항상 밝아 있으니 문수보살이요, 큰 자비가 흘러넘치니 관세음보살이요, 중생들의 지옥 같은 마음에도 들어 계시면서 제도해 주시니 지장보살이요, 온갖 번뇌의 병을 치료했으니 약사여래요, 미래세가 다하도록 구원해줄 수 있는 능력과 서원이 있으니 미륵불이시다. 그러니까 한 부처님이나 보살을 만난다면 모든 부처님과 보살들을 다 만난 것이요, 하나의 부처님을 염하는 것이 모든 부처님을 염하는 것이 된다.

산에 올라갈 때는 하나의 길을 택해 올라가지만, 산 정상에서 보면 모든 길이 다 보이고 다 통해 있음을 알듯 10만 부처님이 한 부처님이요, 한 부처님이 10만 부처님이다.

염불하는 사람은 우선 하나의 부처님이나 보살님의 명호를 고집하지는 않을지라도 반드시 그 대상을 정해야 한다. 한 부처님의 명호에 끝까지 의지하고 염해야만 그 부처님과 만나게 되고, 그 의지한 부처님을 만나게 되면 일체의 부처님을 동시에 만나게 된다. 모든 불보살은 우열이 있을 수 없다. 불보살이란 결국 '깨달음 그 자체'이기 때문이다.

염불, 대상을 버리고 주체가 되는 일

이렇게 이해하고 염불할 불보살님의 명호를 택했으면 큰 원(願)을 세워야 한다. 그 원은 무엇인가. 바로 깨닫고자 하는 원, 즉 성불의 원이다. 깨닫고자 하는 원이 없는 원은 진짜 원이 아니다. 이 원을 성취하기 위해서 염불을 해야 불보살의 진신(眞身 : 참된 몸)을 만나고, 불보살의 진신을 만나야 깨달음을 이룬 것이다.

경전에 나오는 불보살들이 전생부터 세웠다는 큰 원을 보면 그 원은 모두 성불의 원이었고 중생을 제도하겠다는 원이었다. 그러므로 아미타불을 염하는 사람은 아미타불이 과거세에 세웠던 원을 자신의 원으로 삼아 염불해야 하고, 관세음보살을 염하는 사람은 관세음보살이 세웠던 원을 자신의 원으로 삼으면서 염불해야 한다.

이렇게 세운 원을 끊임없이 삶 속에서 실천하고 염불하다 보면, 염불을 하던 그 사람 자신이 아미타가 되고 약사여래가 되고 미륵이 되고 관음이 되고 지장이 된다는 것이 염불수행이다.

부처님을 염하던 사람이 부처 그 자체가 된다는 점을 결코 간과해서는 안 된다. 왜냐하면 부처는 깨달아야 할 목표이지 대상화된 모습이 아니기 때문이다. 달마 대사는 『관심론』에서 "통발로 인하여 고기를 잡고 말에 의지해 뜻을 얻나니 이미 불보살의 명칭을 붙였다면 모름지기 염불의 본체를 행할지니라. 염하는 것은 마음으로 하는 지라 도를 깨치는 수행의 문이요, 그저 입으로만 외우는 것은 입에 속하는 지라 음성의 모습이니 형상과 대상에 집착하여 복을 구하는 것은 옳지 못하니라" 하셨다.

태고 보우 스님도 『태고암가』에서 아미타불을 염하는 법에 대해 "아미타불의 청정미묘한 몸이 모든 중생의 마음에 계시므로 부처님과 중생은 본래 하나이다. 아미타불의 명호를 끊임없이 분명히 생각하고 집중하여 외울지니 그 정진한 공덕이 성취되면 홀연히 분별이 끊어지고 아미타불의 참 몸이 뚜렷이 시방에 나투신다" 하셨고, 서산 대사는 『청허당집』의 염불법에 이르시길, "마음은 바로 부처님의 이름을 생각하여 끊어짐이 없고, 입은 부처님의 명호를 불러 흐트러지지 않게 한다. 이렇듯 입과 마음이 서로 응하면 한 생각 한 소리에 한량없는 죄업이 소멸하여 수승한 공덕을 성취한다" 하였다.

무엇을 목표로 염하느냐가 중요하다

우리가 불보살을 친견하려면 무엇보다도 집착과 번뇌를 끊고 녹여야 한다. 불보살의 광명을 가리고 있는 집착과 번뇌는 생사죄업의 뿌리요, 윤회고통의 근본이기 때문이다. 염불은 당연히 이를 물리치려는 목적으로 행하는 것이다.

중생의 마음은 쉴 사이 없이 찰나찰나 어떠한 세계를 건립하면서 흘러간다. 이것들은 모두 허망한 탐·진·치 삼독으로 이루어진 것들이다. 이 망녕된 업의 흐름을 차단하는 길은 원력이 깃든 불보살의 명호를 통해 가능하다. 일고 꺼지는 온갖 마음들은 하나의 불보살의 이름을 만드는 것이다. 불보살의 이름 하나로 모든 마음을 꽉 채우면 번뇌가 일지 못하게 되고 일체의 사량분별이 끊어지게 된다.

일체처 일체시(一切處 一切時)에 어떤 사람이 관세음보살을 놓치지 않는다면 그 사람은 밥을 먹어도 '내'가 먹는 것이 아니라, '관세음'이 먹는 것이고 잠을 자도 '내'가 자는 것이 아니라 '관세음'이 자는 것이다. 이렇게 행주좌와 생활이 오로지 하나의 불보살 명호에 집중되어야만 불보살의 진신을 보게 된다.

명호를 통한 집중은 정(定)이 되고 진신을 친견함은 혜(慧)가 되어 정(定)을 통해 혜(慧)를 얻음이 어찌 다른 수행방편과 다르랴. 결국 염불수행이 세속을 향한 번뇌심과 깨달음을 향한 불심과의 싸움이라면, 어느 부처님을 염하느냐 하는 문제보다는 무엇을 목표로 염하느냐에 문제의 초점을 맞추어야 한다.

불보살의 모습은 눈이나 귀를 통해 볼 수 있는 감각적 대상이 아니다. 오로지 자신의 일심 안에서 드러나는 깨달음의 큰 지혜 광명이며 자비이다. 그래서 참되게 염불하는 사람은 요행스런 기적이나 신통 등 외형적 가피를 구하지 않는다. 그래서 무당이 부르는 관세음은 귀신 같은 관세음이요, 정법 수행자가 부르는 관세음은 허공 같은 관세음이다. 밥 생각, 옷 생각, 돈 생각보다 부처님을 생각하는 마음이 절실하고 간절하다면, 부처님은 중천에 해를 보듯 분명하게 나타나실 것이다.

신통력과 기적의 허상

신통력의 허상

인간은 누구나 행복을 추구한다. 그러나 이 세상의 삶은 그렇게 만만치가 않아서 추구하고 노력한 만큼 반드시 행복을 가져다주는 것은 아니다. 하루하루 살다보면 즐거운 일보다는 언짢은 일이 더 많고 주위에도 행복한 사람보다는 불행한 사람이 더 많다.

'어떻게 하면' 이 고통과 불행을 버리고 복되고 안락한 생활을 찾을 수 있을까?'라고 생각하며 일상을 영위한다. 그래서 찾는 곳이 바로 사찰이나 교회 같은 종교단체이다. 이곳엔 전지전능하고 무소불위의 초월적 존재가 계시는 곳으로 누구든지 믿고 의지하며, 소원을 구하면 성취하고 달성하는 곳으로 여기고 있다. 건강하고, 부자가 되고 권력자가 되고, 영생하고 싶은 중생들의 욕구는 부처님이나 하나님을 섬김으로써 이루어진다고 믿고 있고 또한 그렇게 설교하기도 한다. 해서 열심히 기도하고 예배하면 부처님이나 절대신이 감응하셔서 은총과 가피를 내려주실 것으로 확신하기도 한다.

그러다 보니 생기는 것이 초월적 능력에 의한 신통과 기적에 대한 바람인데, 많은 사람들은 이러한 신통이나 기적과 같은 영적 능력에 사로잡혀 종교의 본질이 여기에 있는 것으로 잘못 여기고 스스로 구원을 받고 가피를 받은 양 착각하기도 한다.

신통력도 부처님 가르침 앞에선 별무소득

석가모니 부처님께서 제타바나 수도원에 계실 때의 일이다. 라자그리하에 '완기사' 라는 이상한 능력의 소유자가 살고 있었다. 그는 죽은 사람의 해골을 툭툭 건드려 그 소리만 듣고도 그 해골 주인의 영혼이 어디에 태어났는지를 알아 맞추는 것이었다.

예컨대 죽은 사람이 다음 생에 6도의 어느 곳에 태어났는지를 아는 능력이 있었다. 그의 가족들은 완기사의 능력에 욕심이 생겨 돈을 벌려고 마음먹었다. 가족들은 완기사를 수행자로 변장시켜 여러 지방을 순회하며 그의 능력을 선전했다. 그러자 예상한 대로 사람들은 수백 냥 또는 수천 냥의 돈을 내고 자기네 부모나 친척들이 어느 세계에 태어났는지를 가르쳐 달라고 몰려들었다.

얼마 안 있어 완기사의 가족들은 부자가 되었고 그렇게 세상을 돌다가 어느 때 부처님이 계시는 사밧티에 오게 되었다. 그들은 사밧티 근교 부처님이 계시는 제타바나 수도원으로 가는 길목에 숙소를 정했다. 그런데 아침 식사 시간이 지나자 많은 사람들이 손에 꽃과 향·초 따위를 가지고 제타바나 수도원 쪽으로 가는 것이었다. 그래서 완기사 일행은 그들에게 물었다.

"대체 어디들 가시는 겁니까?"

"부처님의 설법을 들으려고 수도원에 가는 길이오."

"거기 가서 당신들은 무엇을 얻습니까?"

"나고 죽는 이치와 해탈을 얻습니다."

그러자 완기사 일행은 비웃으며 자기네 자랑을 늘어 놓았다.

"이 세상에 우리 완기사 같이 비상한 능력을 가진 사람은 없을 것이오. 그는 죽은 자의 두개골을 건드려 보고 그 사람의 내세를 말해 주니까요. 자, 당신네들도 여기 와서 한 번 해 보시지요."

그러자 신자들은 반박했다.

"완기사든 누구든 우리 부처님 같이 탁월한 분은 없소. 그 분은 모든 것을 아는 분이며 모든 존재 중 최상이오."

완기사들의 가족들과 신자들 간에는 뜨거운 논쟁이 벌어졌다. 신자들이 말했다.

"그렇다면 우리와 같이 수도원에 갑시다. 그래서 당신들의 완기사가 더 우수한 능력을 가졌는지, 우리 부처님이 더 수승한 능력을 가졌는지 봅시다."

그들은 함께 수도원으로 향했다.

이때 부처님께서는 천안통(天眼通)으로 그들이 오는 것을 미리 아시고 다섯 개의 해골을 준비하여 상 위에 올려놓고 계셨다. 각기 다른 세계에 태어난 두개골이었다. 즉 축생, 귀신, 인간, 천상, 그리고 부처님의 가르침을 닦아 해탈의 도를 이룬 아라한의 해골이었다.

논쟁을 하던 무리들이 도착하자 부처님께서는 완기사에게 물으셨다.

"죽은 사람의 해골을 두드려 보고 그 해골 영혼이 어디에 태어났는지를 알아 맞춘다는 사람이 그대인가?"

"그렇습니다."

"그러면 이 두개골의 주인은 어디에 태어났는지 말해 보라."

완기사는 두개골을 두드려 보더니 말했다.

"이 해골은 살아 있을 때 남자였는데 흉악한 도둑으로 악업을 많이 지어 지옥에 태어났습니다."

부처님께서는 그를 칭찬하셨다.

"훌륭하구나, 훌륭하구나."

부처님께서는 나머지 세 개의 두개골에 대해서도 물으셨는데 완기사는 그때마다 정확히 대답했다.

부처님께서는 그때마다 "그렇고 그렇다. 완기사여. 여래도 그렇게 생각한다. 바르게 보았구나"하고 인정해 주셨다. 부처님께서는 마지막으로 남은 아라한의 두개골을 가리키며 이 사람은 어디에 태어났느냐고 물으셨다. 그러자 완기사는 다른 두개골을 감정할 때처럼 그것을 톡톡 건드려 보았다. 그러나 그는 그것의 주인이 어디에 태어났는지 알 길이 없었다. 아무리 자신의 능력을 발휘하여 그 해골의 영혼이 있는 곳을 찾아보았지만 전혀 흔적을 발견할 수 없었던 것이다. 마침내 자기는 모르겠노라고 부처님께 고백하면서 당황해 했다.

부처님께서 물으셨다.

"완기사여, 그대는 그것을 모르겠는가?"

"부처님이시여, 저의 능력으로는 알 수가 없습니다."

"완기사여, 여래는 그것을 아느니라."

그러자 완기사는 부처님께 그것을 알 수 있는 비결을 가르쳐 달라고 청했다. 부처님께서는 "여래는 바르게 수행할 수 있는 제자가 아니라면 그것을 가르쳐 줄 수가 없다"고 하셨다.

완기사는 잠시 생각해 보았다. 그런 끝에 '내가 이것까지 알게 되면 인도 안에서는 으뜸가는 능력자가 될 것'이라 생각하고 자기 친척들을 밖으로 불러내어 이렇게 말했다.

"식구와 친척들이여, 이 근처에서 며칠만 기다리시오. 나는 며칠간만 저 부처님 밑에서 수행을 하여 그 비밀을 알고 돌아올 테니까."

이렇게 해서 완기사는 부처님의 제자가 되었다.

부처님께서는 완기사에게 그의 몸을 관찰하는 수행법을 지도하셨다. 몸은 네 가지의 요소, 즉 땅(地)·물(水)·불(火)·바람(風)이 화합된 인연으로 생긴 거짓 모습이어서 항상하지 못한 고통스러운 존재이며, 나고 죽음을 면치 못하는, 번뇌가 깃든 오온(五蘊)임을 관찰하는 수행이었다.

완기사는 빠른 속도로 수행의 진전을 보게 되었다. 가끔 완기사가 밖으로 나갈 때면 기다리고 있던 식솔들은 초초해져서 그에게 물어 왔다.

"어떤가, 비법을 다 배웠는가?"

완기사는 "조금만 더 기다리세요. 지금 열심히 배우고 있는 중이니까요" 하곤 말했다.

그러던 중 그의 마음은 점점 밝아지고 자유로워지면서 큰 기쁨을 맛보게 되었고 모든 번뇌를 벗어난 아라한의 경지를 성취하였다.

그리고 나서 완기사는 지난날 행해왔던 신기한 능력이 얼마나 부질없고 보잘 것 없는 것이었는지를 깊이 알았다. 그리고는 기다리고 있던 친척들에게 이렇게 말했다.

"여러 친척 형제들이여, 나는 더 이상 그런 것들을 알 필요도 없고 행하고 싶지도 않습니다. 아무리 초인적인 능력을 지닌 사람이라 하여도 태어남과 죽음은 면할 수 없는 일, 오로지 부처님의 가르침만이 최상이며 가장 위대한 경지를 깨달을 수 있습니다."

이 모습을 지켜보신 부처님께서는 매우 기뻐하시면서 다음과 같이 게송을 읊으셨다.

저 완기사는 모든 중생의 태어나고 죽는 길을 바르게 알고 어느 것에도 집착함이 없어 번뇌로부터 멀리 떠나 깨달음에 이르렀나니, 나는 그를 청정한 수행자라 부른다. 이제 저 완기사가 가는 길은 천인도 인간도 알지 못하고 막지 못한다. 모든 번뇌를 완전히 깨뜨리고 욕망에서 벗어났나니, 나는 그를 청정한 도를 아는 자라 부른다.

이 일화는 『법구경』 제26장 「브라마나의 장」에 나오는 내용이다. 불법은 분명히 해탈의 가르침이다. 이 해탈의 법만이 우리 중생들의 생·로·병·사와 우·비·고·뇌를 벗어나게 할 뿐이다.

부처님께서는 보다 궁극적이고 근원적인 행복과 안락의 길을 제시하셨다. 그것은 중생들의 내면에 가지고 있는 번뇌와 무명을 제거했을 때 나타난다. 영원하고 불변한 행복은 무명을 여읜 해탈의 청정심에 있을 뿐, 결코 외부의 모양이나 기이한 현상에 있지 않은 것이다. 그래서 부처님은 정견(正見)을 강조하시고 지혜(智慧)를 앞세운다.

해탈에는 신통이 있어도 신통에는 해탈이 없어

이 일화에 나오는 완기사처럼 요즈음 종교를 신봉하는 대부분의 사람들 역시도 신통이나 기적, 그리고 예언 따위를 무척이나 가치 있는 것으로 여기고 휩쓸리고 매달리며 아우성치는 것을 볼 수 있다. "하나님을 믿었더니 죽을 병이 나았더라" "기도를 열심히 했더니 소원이 성취되었다"하기도 하고 "관세음보살의 형상을 보았다"느니 하기도 하며, 더러는 "저승을 보고 왔다"느니 "방언이나 계시를 받았다"하며 저마다의 체험을 자랑삼고 그것이 구원인양, 도인양 여긴다.

그러다 보니 신기한 능력을 지닌 목사나 스님이 있다는 교회와 사찰에는 너도나도 떼를 지어 사람들이 몰려들고, 막강한 조직력과 재력은 구원과 도의 척도가 되기도 한다. 말하자면 자신이 귀의하고 공경하는 신앙 대상(부처님이건 하나님이건 간에)을 통해 내면과 영혼을 밝히고 청정하게 하려하지 않고 부(富)와 세력(勢力)을 누리는 종교단체 속에 절대적인 것이 들어 있는 것처럼 믿는다.

때문에 미혹한 중생들은 부처님, 혹은 신이라는 이름을 들으면 먼저 생각 하는 것이 초월적 능력, 기적 따위를 연상한다. 그러다 보니 교회나 사찰은 몸이 아파서 가는 곳, 소원 빌러 가는 곳, 부자 되러 가는 곳이 되면서 종교 본래의 목적인 안심입명과 영혼구제에 의한 사랑과 자비의 실천은 뒷전이 된다. 그리고 이러한 기적과 신통을 구하는 무지한 신자들은 마음의 자각보 다는 기이한 영적 현상이나 신비체험에 빠져 독선과 아집을 형성하는 것이 다.

물론 이것들이 종교의 역할에 비추어 볼때 전혀 무가치하다거나 무의미하 다고 말하고 싶지는 않다. 때로는 그것들이 나약한 중생들에게 큰 힘이 되기 도 하고 위안이 되는 것도 사실이기 때문이다. 모든 종교에는 나름대로 그 교주의 불가사의한 신통력이 소개되기도 하고 기적과 예언의 중요성을 설하 기도 한다.

불경에도 부처님이 지니신 수많은 신통력 얘기가 나온다. 물 위를 걸으시 고 공중으로 솟구쳐 오르시며 (『불본행집경』), 다른 모습으로 변신을 하시고 (『본생담』), 비를 내리게 하시며 (『증아함경』), 수많은 사람들의 전생을 보셨으 며 (『법구경』), 온몸에서 광명을 놓으셨으며 (『불본행집경』, 『법구경』, 『열반경』, 『능엄경』, 『화엄경』), 열반하실 것을 예언 (『열반경』) 하셨다는 등 헤아릴 수 없이 많은 신통의 일화들로 채워져 있다.

부처님은 여섯 가지의 신통 능력을 지니신 분이다. 아무리 멀리 떨어져 있어도 다 보실 수 있는 능력〔天眼通〕, 아무리 먼 곳이라도 다 들을 수 있는 능력〔天耳通〕, 다른 사람의 마음을 모두 알 수 있고 읽을 수 있는 능력〔他心通〕, 모든 중생의 과거·현재·미래의 운명을 알 수 있는 능력〔宿命通〕, 아무리 먼 곳이라도 순간에 나타나고 여럿으로 몸을 보일 수 있는 능력〔神足通〕, 모든 번뇌가 끊어져 마음이 적멸하고 청정하여 일체의 장애를 벗어난 능력〔漏盡通〕을 지니셨다.

그런데 여기서 중요한 것은 바로 마지막 여섯번 째의 능력인 누진통이다. 이 누진통은 부처님과 부처님의 제자, 그리고 불도를 수행한 신도들만이 얻을 수 있는 경지이다.

불교의 목적은 이 누진의 경지를 얻는 데 있다. 아무리 신통이 자재하고 기적이 신묘하다 해도 이 누진을 얻지 못하면 중생으로서 생로병사를 뛰어넘지 못한 범부중생에 불과하다.

부처님은 누진통의 경지에서 나머지 다섯 가지의 신통을 부리셨다. 이것만이 완벽한 신통력이며 불가사의한 능력이라고 할 수 있다. 부처님이 다른 종교의 신이나 교조와 다른 점은 특히 여기에 있다고 해도 과언이 아닐 것이다.

참된 신통력이란

따지고 보면 위에서 소개한 완기사의 능력은 누진의 경지를 모르는 어리석은 마음에서 생긴 신통력이었기에 한계가 있다. 누진의 경지를 체득하지 못한 갖가지 신통력이나 기적현상은 위험스럽고 저속한 것이다. 왜냐하면 신통이나 기적은 중생들의 허망한 마음에서 나타나는 일종의 정신능력이기 때문이다.

부처님께서는 "말세가 되면 이것이 올바른 가르침이요, 귀의처다 하면서 수많은 사람들이 나타나 갖가지 신통을 부리고 법을 설하면서 무리를 지을 것이다. 여래의 제자는 저 무지한 무리들의 허황된 거짓말을 바로 보아 제 본심을 상실하지 말라"고 『능엄경』에서 말씀하고 있다. 결국 참다운 신통이란 마음의 장애를 떠나는 것이며 해탈을 얻는 데 있다.

임제 선사는 신통을 세 가지로 나누셨는데 전생 업으로 생긴 업통(業通), 귀신이나 영이 들려 생긴 의통(依通), 그리고 정법 수행을 하여 생사를 벗어난 원통(圓通)이 그것이다.

우리가 관세음보살을 염하고 지장보살을 부르는 것도 세간의 욕망을 채우는 도리가 아닌 청정한 마음을 깨달아 해탈을 이루기 위해서이며, 절을 하고 독경을 하는 것도 기적이나 허황한 신통력을 얻기 위해서가 아니라 생사를 여의고 열반의 공덕을 성취하기 위해서이다.

"상서로운 점이나 천변지이(天變之異)적 예언을 아무리 잘 알아맞춘다 해도 도가 아니다. 오로지 길흉의 판단으로부터 멀리 벗어난 수행자만이 바른 길을 걸어가게 된다"고 『숫타니파타』에서 말씀하셨다.

영생과 구원이라는 그럴 듯한 명분으로 마음 약하고 삶에 지친 사람들을 현혹시켜 가정을 파탄시키고 사회에 물의를 일으키기도 하는 것이 현실이다. 겉으로는 하나님을 내세우고 부처님을 섬기는 것 같지만 결국은 교단을 이끌어 가고 있는 성직자 자신의 말을 성전(聖典)과 같이 합리화시켜 사람들을 홀리고 그릇되게 인도한다.

불교계 내에도 전생을 보는 스님이라느니, 부처님의 기(氣)를 받은 수행자라느니 하면서 남들을 미혹에 빠져들게 하는 이들이 있다.

우리가 추구하는 불법의 세계는 저 완기사를 두고 읊으셨던 게송 속에 잘 나타나 있다. 그 세계란 바로 '번뇌를 완전히 깨뜨리고 온갖 욕망에서 벗어난 곳'이다. 부처님이 중생들의 교화를 위해서 보이셨던 신통은 그 목적이 해탈에 있었지, 결코 중생의 잘못된 욕망을 채워주기 위한 신통이 아니었다.

자신의 마음을 닦지 않고는 부처님의 어떠한 법도 이룰 수가 없다. 수행 없는 상태에서 추구하는 신통과 기적은 참된 도를 등지는 행위로서 업(業)을 짓는 일이 될 뿐 결코 공덕이 될 수 없는 것이다. 바람을 묶고 바닷물을 다 마시는 신통을 행사하고, 죽은 자를 소생시키며 허공을 주름잡는 능력자가 있더라도 거기에 마음을 빼앗기지 않는 불자, 부처님의 진리를 구하기 전에 자기 마음을 다스리고 수행하는 불자, 온갖 순경과 역경이 찾아와도 능히 바른 원력의 힘으로 흔들리지 않는 부동삼매(不動三昧)를 이룬 불자야말로 가장 으뜸가는 불자이며 참된 신통력을 얻은 사람이라 할 것이다.

보살의 길

바라밀이란

대승불교의 가장 주된 가르침을 손꼽을 수 있다면 '바라밀(波羅蜜)의 실천과 완성'을 들 수 있다. 대승의 어느 경전을 막론하고 바라밀을 강조하지 않는 것이 없고 찬탄하지 않는 곳이 없다. 나아가 불도에 귀의한 모든 선남자 선여인에게 바라밀을 힘써 닦을 것을 강력하게 권하고 있다. 왜냐하면 바라밀이야말로 중생이 고통의 바다를 건너 불보살의 해탈 법계에 이르게 하는 수행의 길이고 의지처이기 때문이며, 다른 한편으로는 불보살이 중생을 제도하실 때 쓰는 크나큰 방편이며 문이기 때문이다.

상구보리 하화중생이라는 불교의 궁극적 이상도 결국은 이 바라밀의 실천에 의해서만이 가능한 것이니 바라밀은 자리·이타의 보살도이며 정토 장엄의 미묘행이다.

파라미타(pāramitiā)에서 음역된 바라밀을 옛어른들은 건너간다, 건너온다라는 뜻을 지닌 도(度)라고 해석하고 경전에서는 그 행법을 대개 육바라밀, 십바라밀, 8만4천 바라밀로 설명한다. 주지하다시피 육바라밀이란 보시(布施)

124

바라밀, 지계(持戒) 바라밀, 인욕(忍辱) 바라밀, 정진(精進) 바라밀, 선정(禪定) 바라밀, 지혜(智慧) 바라밀이고, 10바라밀이란 육바라밀에다 방편(方便) 바라밀, 원(願) 바라밀, 역(力) 바라밀, 지(智)바라밀을 더한 것이며, 8만4천 바라밀이란 한량없는 행위들 그 자체가 그대로 바라밀이라는 것이다.

대승불교의 요체 - 육바라밀 -

이러한 바라밀을 혹은 육사성취(六事成就), 십사성취(十事成就), 일체사성취(一切事成就)라고도 하는데 육바라밀의 경우 보시·지계·인욕·정진·선정·지혜라는 말 대신에 공양(供養)·학계(學界)·수비(修悲)·근선(勤善)·이훤(離喧)·요법(樂法)이라는 표현을 써서 그 뜻을 같이 하고 있다. 그리고 다른 측면으로는 수행하는 사람의 목표나 경지에 따라 세 가지의 바라밀을 설하는 것으로 중생이 신통을 얻거나 천상에 태어나기를 바라는 마음으로 바라밀을 닦는 세간 바라밀(世間波羅蜜), 연각이나 성문이 열반을 구하는 마음으로 바라밀을 닦는 출세간 바라밀(出世間波羅蜜), 보살이 중생을 구호하고 제도하기 위하여 닦는 출세간상 바라밀(出世間上波羅蜜)도 있다.

아무튼 중생계가 되었건 성현계가 되었건 이렇게 빼놓지 않고 닦아야만 되는 바라밀의 행은 불교에 있어서 모든 수행의 시작이며 완성인 것이다.

필자가 과거 불문에 귀의하여 법사가 된 초기시절, 이름 높으신 어느 큰스님을 뵙고 다른 종교의 교조들과 부처님의 차이점을 여쭌 적이 있었다. 큰스님 말씀은 이랬다.

　　다른 종교의 교조들은 육바라밀을 구족하지 못했어. 예수는 사랑을 실천
하고 인욕을 했지만 하나님이라는 신의 굴레 속에서 벗어나지 못했으므로
독보건곤(獨步乾坤 : 하늘과 땅을 혼자서 마음대로 거니는 대자유의 경지)의 큰
지혜를 몰랐고, 노자, 장자 등은 선정과 어느 정도의 지혜는 갖추었겠지만
중생을 불쌍히 여기는 크신 자비와 방편이 모자라지. 그리고 공자나 소크
라테스는 세상의 시비를 가리는 지혜와 안목이 뛰어났을 뿐이야. 그러니까
우리 부처님처럼 모든 바라밀을 실천하고 구족하신 분은 어느 성인에게서
도 찾아볼 수는 없는 것이지. 그리고 무엇보다 중요한 것은 다른 성인들은
선과 악, 과거생과 미래생, 지옥과 천당 등의 책임 소재가 다른 곳에 있다
고 가르치는거야.

　　예수는 하나님과 사탄에게 모든 것을 돌렸고, 노자나 장자는 자연에다
모든 것을 돌리면서도 과거생이나 내생 등에 대해서는 언급이 없어. 그런
데 우리 부처님께서는 선과 악, 구원과 타락, 천당과 지옥 등의 모든 책임
을 중생 각자의 마음에다 돌려주셨단 말야. 나고 죽음의 길도 그렇고, 나고
죽음을 벗어나는 방법도 그렇고, 또 나고 죽음이 없는 영원 절대의 깨달음
의 경지도 그렇고 이 모두가 각자의 마음에서 전개된다고 분명하게 일러
주셨잖은가. 그러니 육바라밀이야말로 다른 성인들의 가르침과 부처님의
가르침을 분별하는 정확한 척도라고 할 수 있지.

본생담의 교훈

큰스님의 이 대답은 후에 필자가 부처님의 전생이 기록된 『본생담』을 읽고서 더욱 명료해졌고, 부처님의 크나크신 자비와 더불어 우리 불자들이 어떠한 마음 가짐으로써 불도 수행에 전력해야 할 것인가에 대해서 새삼 이해하게 되었던 것이다. 『본생담』, 특히 필자가 읽었던 『본생담』의 여러 내용 가운데서도 가장 감동 깊게 바라밀의 덕목을 갖추고 있는 이야기는 무엇보다도 코끼리왕에 대한 부분으로 기억이 생생하다.

아득한 과거 '브라마닷다'라는 왕이 인도를 통치하고 있었다. 브라마닷다 왕은 어진 정치를 펴고 있었으므로 모든 백성들로부터 신뢰와 존경을 받았는데 그는 무척 아름답고 예쁜 왕비를 아내로 삼고 있었다.

브라마닷다 왕은 왕비를 너무도 사랑했고 왕비의 요구라면 무엇이든간에 다 들어주는 그런 왕이었다. 그런데 어느날이었다. 하루는 왕비가 낮잠을 자다 꿈을 꾸게 되었다. 이상한 코끼리를 보게 된 그런 꿈이었다. 즉 코끼리가 다른 코끼리와는 다르게 온몸이 눈이 부실 정도의 흰 털을 가졌을 뿐만 아니라 여섯 개나 되는 이빨을 가졌는데 그 상아가 모두 금빛을 띠고 있었다. 꿈속에서 그 모습을 본 왕비는 코끼리의 위용과 찬란함에 놀라움을 금할 수 없었고 특히 코끼리가 지닌 빛나는 황금 상아는 그의 마음을 빼앗아갔다.

꿈에서 깬 왕비는 즉시 왕에게로 갔다. 왕비는 왕에게 말했다.

"대왕이시여, 대왕은 저를 진실로 사랑하시나요?"

왕은 대답했다.

"여보 그게 무슨 말이요, 내게 세상에서 당신보다 귀중한 것은 없소"

왕비는 다시 물었다.

"그럼 대왕이시여, 제가 원하는 것은 무엇이든지 들어주실 수 있겠군요?"

이에 대해 왕은 "그렇소 이 세상에 없는 것이라면 몰라도 이 세상에 존재해 있는 것이라면 내 목숨을 걸고라도 들어줄 것이요"라고 역시 대답했다. 왕비는 "대왕이시여, 그렇다면 이 세상에 꿈은 있는 것인가요 없는 것인가요"라고 또 물었다.

"왜 꿈이 없겠소 왕비여, 사람이 잠을 자다 보면 꿈을 꾸게 되어 있지."

왕비는 옳다 싶어 왕을 조르기 시작했다.

"대왕이시여, 제가 아까 낮잠을 잠깐 자다가 꿈을 꾸었는데 큰 코끼리를 보았습니다. 그 코끼리는 빛나는 흰 털과 여섯 개의 금상아를 지닌 영특하게 생긴 코끼리였습니다. 대왕이시여, 대왕이 이 세상에 있는 것은 무엇이 되었건 제가 원한다면 구해 주신다고 하셨으니 저에게 꿈에서 본 그 코끼리의 빛나는 황금 이빨을 가져다 주십시오"

왕은 기가 막혔다. 자신은 이 세상에 꿈이 있다고 하였지 꿈속의 물건이 있다고 한 것은 아니었다. 브라마닷다 왕은 왕비를 설득했다. 어찌 꿈속의 일을 얻으려 하느냐고 달래기도 하였다. 그러나 왕비의 간청은 집요해서 조금도 굽히지 않았다. 왕은 하는 수 없이 허락을 했다. 그리고는 온 나라에다 공포(公布)를 내렸다. 만약 여섯 개의 황금 상아를 구해오는 자에게는 큰 상을 내리겠다는 내용이었다.

이 공포를 본 온 나라의 사냥꾼들은 물론 백성들은 매우 이상하게 생각하였다. 그리고는 모두 그런 것이 이 세상에 있을리 없다고 믿고는 아무런 움직임도 보이지 않는 것이었다. 그러나 이 세상엔 항상 예외의 일은 있는 법. 묘하게도 왕비가 꿈속에서 본 그 코끼리를 본 사람이 있었다. 바로 히말라야산에서 짐승을 잡아 생활을 하는 한 사냥꾼이었다.

사냥꾼은 희말라야산에서 사냥을 할 때 자주 그 코끼리와 마주친 적이 있었는데 나타날 때마다 꼭 사냥을 방해하는 것이었다. 그리고 신기한 것은 그 코끼리가 히말라야 산속의 모든 짐승들을 거느리고 있다는 점과 또한 산속에서 도를 닦는 수행자만 보면 무릎을 꿇고 앉았다가 일어나는 것이었다.

그 코끼리를 아는 사냥꾼은 왕이 내린 광고의 내용을 보고는 생각했다. '그 코끼리는 나에게 있어 사냥을 방해하는 방해꾼이다. 나는 그 코끼리를 찾아 이빨을 뽑아서 왕에게 바쳐야 겠다. 그렇다면 나는 어려운 사냥질을 안 해도 될 것이다. 어떻게 하면 그 코끼리를 잡을 수 있을까? 그렇다. 그 코끼리는 도를 닦는 수행자를 좋아한다. 내가 곧 수행자로 변장을 해서 접근해 그 코끼리의 이빨을 구해야 겠다' 하고는 즉시 머리를 깎고 스님들이 입는 가사를 걸치고 독화살을 품에 숨긴 채 코끼리를 찾아 헤매었다.

이윽고 그렇게 며칠을 찾아다니던 수행자 아닌 사냥꾼 앞에 코끼리가 나타났다. 그리고 코끼리는 아무런 경계도 없이 자신을 해치려는 사냥꾼을 향해 무릎을 꿇는 것이었다. 사냥꾼은 이때다 싶어 가사 속에 감추어둔 독화살을 힘껏 코끼리의 이마를 향해 쏘았다. 그러자 독화살을 맞은 코끼리는 극심한 고통에 휩싸여 크게 울부짖었다. 그리고 코끼리의 울부짖음은 산속의 모든 짐승들을 모이게 했고 짐승들은 자신들의 왕인 코끼리를 해친 사냥꾼을 보고는 모두 성이 나서 죽이려 달려들었다.

그런데 이 광경을 보고 있던 코끼리는 마지막 힘을 다하여 일어나더니 도리어 사냥꾼을 코로 감아서 잡고는 뭇짐승들이 해치지 못하는 안전한 곳에 데려다 놓는 것이었다. 그리고는 사냥꾼을 향해서 다음과 같이 말하는 게 아닌가.

"사냥꾼이여 나는 비록 코끼리의 몸을 지닌 축생이지만 마음은 항상 인간의 착한 마음을 그리워했소. 그대가 사냥을 해서 뭇생명을 해하려 할 때 내가 방해한 것은 그대가 미워서가 아니었고, 그대의 살생하는 업을 그치게 하기 위해서였소. 살생의 과보는 매우 무서운 것이요. 그리고 그대가 나를 찾아올 때 수행자로 변장을 했지만 나는 이미 사냥꾼인 줄 알고 있었소. 그대가 나의 이 황금 이빨을 탐냈다는 것도 말이오. 하지만 나는 그대가 비록 거짓으로 수행자의 모습을 했다 할지라도 나는 수행자가 입는 그 가사를 공경하오. 사냥꾼이여 나의 이빨이 탐나거든 가져가시오. 기쁘게 그대에게 주리다. 내가 비록 이렇게 목숨을 버리지만 나의 마음은 어떠한 원망도, 두려움도, 움직임도 없소"

그러더니 코끼리는 자신의 이빨을 나무에다 힘껏 부딪치는 것이었다. 그러자 여섯 개의 황금 이빨이 뽑혀 땅에 떨어졌다.

하지만 어리석은 사냥꾼은 부끄러운 줄을 몰랐다. 오히려 나는 이제 곧 부자가 되었구나 하는 마음으로 좋아라 코끼리의 이빨을 주어 가지고 산을 내려가는 것이었다. 그러한 사냥꾼의 뒷모습을 보면서 숨을 거두는 코끼리는 마지막 말을 남긴다.

"내가 만약 이러한 인연 공덕으로 어느 생인가 성불을 하게 되면 맨먼저 당신의 탐냄, 성냄, 어리석음인 삼독을 빼 주리라⋯⋯."

설화면서도 진실 그 자체인 이 본생담 이야기는 우리들에게 무한한 감동과 엄청난 교훈을 준다. 이 설화 속에 나오는 코끼리는 바로 석가모니 부처님이시다. 이 본생담은 석가모니가 이 세상에 오셔서 어떻게 부처가 되고 중생을 교화할 수 있었는가에 대한 마음세계를 그린 내용이며 동시에 우리 중생들이 진리를 완성하여 부처의 세계에 들려면 어떠한 마음을 지녀야 할 것인가를 깨우쳐주는 말씀이다.

이 속에서 우리는 우리가 실천하고자 하는 바라밀의 완성을 발견할 수 있는 것이다. 자신을 해치려고 찾아 온 어리석고 탐욕에 찬 사냥꾼에게 자신의 귀중한 이빨을 아낌없이 준 코끼리의 마음은 보시 바라밀이요, 자신을 해친 사냥꾼을 다른 짐승이 죽이려 하자 해치지 못하게 한 것은 지계 바라밀이요, 억울하게 죽으면서도 아무런 원망과 증오가 없음은 인욕 바라밀이요, 이러한 행위를 다음 생까지 지속한다는 것은 정진 바라밀이요, 마음에 아무런 두려움도 없고 움직임이 없다는 것은 선정 바라밀이요, 성불하게 된다는 것은 반야 바라밀과 지혜 반야바라밀이요, 코끼리의 모습을 했다는 것은 방편 바라 밀이요, 사냥꾼의 삼독을 빼 준다는 것은 원 바라밀과 역 바라밀인 것이다.

수행과 보살행

이렇게 볼 때 우리는 불교에서 가리키고자 하는 인간 삶의 가장 값진 것이 무엇이며 목표가 무엇인지를 굳이 성불이니, 견성이니 하는 말을 사용하지 않더라도 알 수 있다. 혼자만 깨달아 보겠다고 굴 속에 들어가고 산 속에 들어가 있음도 바라밀이 아니며, 인연을 끊고 세상을 잊는다 해도 바라밀이 아니다.

아무리 참선하고 염불해도 중생을 불쌍히 여기는 마음, 사랑하는 마음이 없으면 그것은 소승의 지혜일 뿐이다. 중생 없는 성불이 어디 있으며 세상 없는 정토가 어디 있으랴? 보시할 줄 모르고 사랑할 줄 모르는 마음에서는 지혜도 나올 수 없고 해탈도 나올 수 없다.

그럼 보시하고 사랑만 한다고 지혜가 나오고 해탈이 나오느냐 하면 그렇지도 않다. 계를 지키고 인욕하고 정진을 하여 선정을 쌓고 지혜를 닦아야 한다. 공연히 선정과 지혜 닦는 일을 뒤로 둔 채 보살행 한답시고, 고아원·양로원 찾아다니고 사회 정의를 부르짖어도 그것은 유위의 공덕밖에는 얻지 못할 뿐만 아니라 좇아다닐 만큼 좇아다니다가는 제풀에 떨어져 헛물만 켠 꼴이 된다.

건방진 소리겠지만 이상하게도 우리 한국불교는 이 두 가지가 서로 치우처 있다. 수행한다는 사람들은 세상에 무관심하고, 세상에 관심 가진 사람들은 수행을 등한시한다. 어떤 사람은 수행이나 보살행을 이야기하면 사회구제 활동하는 것쯤으로 알아 듣는다. 불교에서 아무리 출가를 강조하고 절연이속(絕緣離俗 : 인연을 끊고 세속을 떠남)을 행해도 그것은 자기 자신의 집착을 끊으라는 말씀이지 세상과 인연을 버리라는 뜻은 아니다. 육바라밀 가운데의 맨처음 보시 바라밀은 맨 마지막 지혜 바라밀을 낳게 하는 종자가 되고, 지혜 바라밀은 보시 바라밀을 완성시키는 터전이 된다.

바라밀의 구족, 그것은 자신과 세계의 모든 고통을 종식시키는 가장 위대한 가르침이며 죽음도 벗어날 수 있는 대자유의 실천 덕목이다. 그런데 여기서 한층 중요한 것은 이러한 바라밀은 사실 일체를 실재(實在)로 여기지 않는 공한 마음(空心)에 의해서 일으켜야 된다는 점이다. 베풀되 베푼 바가 없는 마음에서의 보시, 계를 지키되 계를 지키고 있다는 마음마저도 없는 지계, 욕됨을 참되 참는다는 마음마저도 두지 않는 인욕, 힘써 노력하되 노력한 바도 없는 마음의 정진, 선정을 닦되 선정에도 머무르지 않는 마음의 선정, 지혜를 증득했어도 그 지혜에 머무르지 않는 지혜가 되어야 하는 것이니, 바라밀의 완성은 마침내 공의 완성이라고도 할 수 있겠다.

코끼리로 나투셨던 부처님의 전생담처럼 자리이타적 바라밀의 완성을 위하여 구법의 길을 갔으면 하는 마음이다.

제3장
생활속의 수행
- 마음 다스리기 -

생활 속의 수행

"나 같은 하잘 것 없는 중생"이라니

불교의 궁극적 목표는 깨달음이다. 부처님께서 우리 중생에게 몸을 나투신 것이나 법을 설하신 것도 모두가 바로 이 깨달음을 이루게 하기 위해서였다.

만약 불자로서 스스로 부처님께 귀의한 사람임을 자처하면서도 신행방식이나 목적이, 깨달음을 성취하기 위한 수행과 목표가 뚜렷하지 못하여서 기복과 맹신에만 머물러 있다면 그를 참다운 불자라고 하기 어려울 것이다. 그럼에도 현재 우리 불자들의 신행 차원을 살펴본다면 유감스럽게도 이 수준을 벗어나 있지 못하다.

사실 대부분의 우리 불자들은 깨달음이니 해탈이니 성불이니 견성이니 하는, 수행을 통해서 얻어지는 말들에 익숙하지 못하다. 고작해야 믿음의 목적을 불 보살의 가피나 기도 성취, 또는 죽은 후의 왕생극락 등에만 둘 뿐이다. 수행을 하고 도를 깨닫고 해탈을 하는 일은 저 달마 대사나 혜능 대사, 혹은 원효 대사나 만공 선사 같은 분들에게나 가능한 일이고 출가한 스님들이나 행할 수 있는 것으로 생각한다.

다시 말해서 불교의 대 명제인 깨달음이라는 것에 대해 우리 불자들은 '나 같은 하잘 것 없는 세속 중생이 어찌 감히…' 하고 스스로 한계를 지어놓기 때문에 그 뿌리가 견고하지 못하다.

죄송한 얘기지만 얼마 전 어느 스님과 대화를 나누는 중에 다음과 같은 말씀을 듣고 안타까운 심정을 금할 길 없었다. 불자들에 대한 교육문제가 나와 말을 하는 중이었다. 그 스님은 "요즈음 불자들, 예전 같지 않고 기고만장입니다. 불교책 많이 사보지, 불교방송 듣지, 아는 게 많아서 스님노릇 하기 힘들어요. 신도들 적당히 가르쳐야지" 하는게 아닌가. 대부분 스님들은 그렇지 않겠지만 만에 하나라도 스님의 신도들에 대한 의식구조가 이렇다면 정말 걱정이다.

굳이 타종교의 예를 들 필요는 없겠지만 그들에게 당신네가 종교를 믿고 신을 섬기는 이유가 어디 있느냐고 물으면 하나 같이 구원 받고 천당 가야 되기 때문이라고 대답한다. 이 구원 받고 천당 가는 일은 목사건, 신부건, 어른 신도건, 아이 신도건 동일하다.

그들 종교의 궁극적 목표인 구원, 천당은 아주 보편화되어 있고 확신되어 있다. 그들은 불교인들처럼 믿음의 목표를 피상적이고 구름잡는 얘기로 돌려 버리지 않고 생활 속에 용해하여 이해하고 실천한다. 이는 그 종교를 이끌어 가는 목사나 전도사, 신부 등이 자기네 신도들에 대해 헌신적이고 사랑에 찬 교육을 펼친 결과라고 여겨진다.

만인에게 불성이 있다

스님들이 '신도들은 그저 스님이 시키는 대로 기도나 정성껏 하고 불사에 적극 동참하면 부처님이 다 알아서 해준다'는 식의 발상으로부터 벗어나지 않는 한 불교의 발전은 있을 수 없다.

이제부터라도, 스님들이나 법사들이 신도들에게 불경 한 자라도 더 자세히 가르쳐주고 수행하도록 인도해 주는 배려와 정성, 그리고 사랑이 무엇보다 필요하다. 정말이지 부처님의 가르침이 중생들의 삶 속에 생활과 더불어 실천되지 않고 얻어지지 않는다면 무슨 소용이 있겠는가.

부처님의 가르침은 모든 중생들에게 똑같이 적용되는 진리이다. 깨달음이라는 목표 아래 말씀하신 내용들은 누구에게나 적용되고 실천할 수 있는 것이다. 특히 수행도 그렇다. 수행은 불자라면 누구든지 해야만 하고 할 수 있는 것임은 두말 할 필요가 없다.

이는 "선남자야, 일체중생 모두가 크나큰 깨달음을 성취할 수 있나니 지혜로운 스승을 만나서 올바른 수행을 하면 근기의 대소를 막론하고 모두가 불과(佛果)를 이루리라"하신 『원각경』의 말씀에서도 확인된다.

특히 대승불교의 가르침은 오히려 세속의 생활을 통해 부처님의 법을 깨달을 것을 강조하고 있고 수행할 것을 권장하고 있다.

"사리불아, 세간의 모든 일을 행하되 걸림이 없는 법을 배우는 사람, 또 세간의 모든 법을 있는 그대로 투철히 깨닫는 법을 배우는 사람, 이런 사람을 여래는 보살이라고 이름하느니라"하신 『반야경』의 말씀과, "보적이여, 중생의 국토가 곧 보살의 깨달은 국토니라. 만약 깨달음의 국토를 구하려는 자가 중생의 국토를 떠나서 구하려 한다면 이는 허공에다 집을 지으려는 자와 같다"하신 『유마경』의 말씀이 그것이다.

하지만 우리는 여기서 한 가지 난점에 부딪힌다. 생활 속에서 과연 부처님 말씀대로 수행을 할 수 있느냐 하는 점이다. 출가하신 스님들이야 삶 자체가 구도요, 생활 자체가 수행이지만 세속의 의·식·주 문제에 끄달려서 하루하루를 살아가야만 되는 재가 신도들에게는 수행이라는 것이 결코 쉬운 일이 아니다. 뿐만 아니라 자신을 둘러싸고 있는 온갖 크고 작은 인연들의 얽매임 속에서 법을 실천하기란 현실적으로 어려움이 많다.

그래서 필요한 것이 발보리심(發菩提心)이다. 발보리심은 불도를 성취하겠다고 일으킨 굳센 마음을 가리킨다. 따라서 이 발보리심은 세간의 어떠한 가치보다도 상위(上位)에 두어야 한다. 부자되고 싶어하는 욕망이나 장수하고 싶어하는 욕망보다도 더욱 간절하지 않으면 안 된다.

이러한 마음이 없으면 수행도 할 수 없고 깨달을 수도 없다. 그래서 부처님께서는 중생들이 일으키는 마음 가운데 보리심이 으뜸이요, 최상의 공덕이라고 하셨다.

다음에 필요한 것이 계를 지키고 집착을 버리는 행위다. 살생, 도둑질, 삿된 음행, 거짓됨, 술취함(殺盜淫妄酒)을 행하면서 수행한다는 것은 있을 수 없다. 부처님께서는 이런 것을 "모래를 쪄서 밥을 지으려는 행위"라고 나무라셨다.

또한 집착이 많은 사람은 결코 불도를 이루지 못한다. 자신이나 남들에 대해서 집착이 많으면 많을수록 싫고 좋고가 따라 붙어 늘 이익과 손해를 따지고 사랑과 미움을 일으키며 온갖 번뇌를 쌓아 항상 불안과 방황이 떠나질 않는다.

부처님께서는 "무릇 중생의 병은 집착에 있고 이 집착만 버리면 깨달음이 드러나 모든 것이 온전해서 두려울 게 없다"라고 하셨다.

그런데 사람들은 이와 같은 요구에 대해서 반문들을 한다. 그렇게 집착을 버리면 무슨 재미로 지내며 어떻게 세상을 살아갈 수 있느냐는 것이다.

그런데 이와 같이 묻는 사람은 역시 보리심을 확실히 일으키지 않았기 때문이며 집착 버리기를 아까워하는 사람이다. 그점은 걱정할 것이 못 된다. 오히려 수행을 통해서 세상의 삶이 더욱 빛나고 풍요로워질 수 있는 것이 불교이기 때문이다. 아무튼 이러한 두 가지 바탕, 즉 발보리심과 계를 지키고 집착을 여의겠다는 마음을 근본으로 하여 여러 수행 방법 중 하나를 택해서 집중적으로 닦아나아가야 한다.

지관에 이르는 여러 가지 수행법

불경에 보면 깨달음을 얻기 위한 여러 가지 수행 방법들이 나온다. 팔정도행(八正道行), 바라밀행(波羅蜜行), 참선 염불행(參禪 念佛行), 간경행(看經行), 참회법, 안반수의(安般守意, 호흡관찰을 통한 마음 집중법), 화두 참구(옛 조사들이 수행자에게 던져주는 알 수 없는 의심 뭉치), 다라니 독송 등 다양하다.

그러나 이 모든 것이 결국은 지(止)·관(觀)을 이루게 하는 하나의 목적으로 귀결된다. 지(止)란 번뇌와 망상을 다스려 움직임이 없는 마음을 말하고 관(觀)이란 일체의 대상에 따라 일어나는 자신의 마음흐름을 관찰하는 것을 말한다. 이것을 지관쌍수(止觀雙修) 혹은 정혜쌍수(定慧雙修)라 하는데 지(止)는 정(定)과 통하고 관(觀)은 혜(慧)와 통한다.

그런데 이 지와 관은 함께 이루어지는 것으로서 마음이 현상계를 접하되 그 현상계에 막연히 따라가고 빼앗기는 것이 아니라 그 현상경계를 보고 일어나는 자신의 마음을 살피고 돌이켜서 깨닫는 공부다. 말하자면 경계를 접하되 경계를 접하는 마음을 본다는 뜻이다. 이것이 바로 『유마경』에서 유마거사가 "앉아 있다고 해서 좌선이 아니다. 생사가 겹쳐 있는 세계에 살면서도 몸과 마음이 움직이지 않는 것을 좌선이라 하며 부처님의 가르침을 닦으면서도 세속의 일상생활을 하는 것이 좌선이다"라고 말한 뜻과 같은 것이다.

우선 지(止)를 수행해 들어가는 데에는 위에서 열거한 하나의 방편을 택하여 산란심을 다스려야 한다. 다만 요즈음 흔히 횡행하고 있는 신선도, 단전호흡, 산신기도와 같은 타력기도 등에는 의지하지 말아야 한다. 이런 것들은 지(止)가 이루어져 삼매(定)에 들어도 정법이 아니기 때문에 깨달음을 이룰 수 없다. 바깥 대상을 향해 집중된 지(止)를 외도삼매(外道三昧) 혹은 사삼매(邪三昧)라 한다.

여기서 또 당부하고 싶은 것은 수행을 꼭 앉아서 하는 것으로만 여기지 말라는 것이다. 만약 앉아 있을 때만 마음이 가라앉고, 다니고 말하고 일할 때는 마음이 어지럽게 된다면 수행을 바로 했다고 할 수 없다. 그것은 비유컨대 흙탕물이 컵 속에 담겨 있을 때 탁자에 가만히 놓아두면 흙이 밑으로 가라앉아 물이 맑아지지만 그 컵을 들고 돌아다니면 또다시 흙이 일어나 물을 흐려놓게 되는 것과 같다. 앉아 있을 때는 고요하고 움직이면 시끄러워지는 마음은 참된 지(止)와 정(定)이 아니다.

그런데 우리 한국불교의 수행이 이상하게도 좌선 중심 수행만을 강조하는 경향이 짙다. 동일한 시간, 동일한 장소에 두 가지 물건이 자리하지 못하듯 수행을 하고 있는 동안에는 망념과 번뇌가 일지를 않는다. 마치 도둑이 발각되는 즉시 경찰에 의해 잡혀가듯, 망상을 망상으로 보는 순간 망상은 사라지게 되어 있다.

일심으로 행(行) 주(住) 좌(座) 와(臥) 가운데 가정에서건 직장에서건 틈틈이 정진하다 보면 밖을 향해 헤매이고 헐떡이던 망상경계가 차차로 조복되고 마음이 푹 쉬게 된다.

공개하기 좀 쑥스럽지만 필자의 경우 몸소 운영해 오고 있는 선원(禪院)의 신도들과 더불어 『금강경』에 나오는 사구게를 늘 염송(念誦, 게송에 마음을 집중)하고 있는데 감사하게도 마음의 흐름이 잡혀지면서 요동이 이전보다 훨씬 적어졌음을 느끼고 있다.

이렇게 마음이 조복되어 지(止)가 이루어지면 자연히 관법(觀法) 수행이 뒤따라간다. 일상생활을 하는 가운데 나타나는 수많은 순역 경계(順逆境界)와 접하더라도 일어나는 자신의 마음을 관찰하여 지혜를 깨닫는 이 관법(觀法)이야말로 불교수행의 극치라 할 수 있다.

이것이 번뇌를 돌려 지혜를 이룸이요, 망상을 살펴 참성품을 드러냄이다 (轉識得智 破妄現眞). 이렇게 지관을 항상 닦아나가다 보면, 망상의 뿌리가 기세를 잃고 점차로 허공의 구름이 걷히듯 업장이 소멸되어 부처님의 광명을 보게 된다.

"곳곳이 부처님이요, 일일이 부처님 공양이라, 언제나 수행하고 어디서나 수행하라(處處佛像 事事佛供 無時禪 無處禪)" 하셨지 않았는가.

수행하면 저절로 맑아진다

마음과 현상계는 거울 속의 그림자와 같아서 서로 의지해 있을 뿐 참이 아니다. 그러므로 경계를 대하는 이 마음을 돌이키고 보면 나와 대상의 모든 자취가 끊어져 공적하게 된다고 했다. 그 공적한 자리에서 자성청정이 성취되고 모든 세간의 살림살이도 아울러 청정해져서 가는 곳과 행하는 바가 원만해지고 불국토가 따로 없음을 깨닫게 된다. 그렇다. 수행하는데 어찌 출가와 재가의 차별이 있고 법당과 가정에 구별이 있겠는가.

독경이 되었건, 염불이 되었건, 참선이 되었건 자신이 택한 수행 방편을 철저하게 생활화하는 사람은 보통 사람들이 느끼지 못하는 부사의한 힘과 즐거움을 느끼게 되어 있다. 혼침과 산란심이 사라지고 의식이 맑아져 혹여 세간의 어려움이 자신에게 닥칠지라도 근심하거나 두려움이 없게 된다. 나쁜 꿈도 꾸지 않게 되고 꿈을 꾸더라도 수행하는 꿈을 꾸며 술·고기·담배 등의 부정한 음식이 스스로 싫어지고 도박·낚시·사냥 등의 잡기들이 자연히 멀어진다.

뿐만 아니라 전생의 업과 금생의 탐욕 등으로 생긴 병도 물러가 건강이 유지되고 무서움과 고통이 없는 지경에서 임종을 맞아 부처님의 광명국토에 태어나게 된다. 이치가 이러하니 수행하는 불자는 되도록 쓸 데 없는 일을 줄이고 시간을 아껴서 생사없는 해탈의 관문을 향해서 끊임없는 정진을 해야 하겠다.

성욕을 다스리는 방법

성에 대한 집착

가끔 서울 근교의 조그마한 사찰에 법문하러 갈 때마다 들르는 제과점이 있다. 제과점 주인은 불법에 대한 신심도 돈독한 편이고 사고방식도 건실해서 주어진 삶을 열심히 사는 거사님이다.

그 거사님은 필자가 들를 때마다 반가운 마음으로 불법에 대해서 이것저것 묻기도 하고 나름대로의 마음을 털어놓기도 하는데 한 번은 이런 일화를 들려주면서 질문하는 것이었다.

그분 말에 의하면 자신은 생활철학이 늘 과욕을 내지 않는 삶을 지향하는 것으로 물질의 풍요보다는 마음의 풍요를 우선으로 삼는다고 하였다. 그래서 비록 남들이 보기에는 경제적으로 넉넉하지도 않고 내노라하는 명예를 얻은 것은 없지만 나름대로는 큰 부러움 없는 삶을 살아가고 있다는 것이다.

그런데 그럼에도 불구하고 자신이 지닌 한 가지 창피스럽기도 하고 추한 것 같기도 한 버릇 아닌 버릇이 있어 그게 자신의 하루하루 생활 속에 너무 큰 비중을 차지하고 있다면서 이제는 떨쳐버려야 되겠다는 생각이 얼마나 컸던지 법사님의 조언을 받아야겠다는 것이었다.

필자가 부끄럽고 추한 버릇이 무엇이냐고 묻자 그분 대답인즉 성에 대한 집착이라는 것이다. 자신은 자기의 부인에 대해서 항상 부족함이 없이 사랑과 행복을 나누면서도 몸으로는 외도를 하지 않지만 마음은 늘 다른 여성들의 얼굴이나 몸을 좇아 다니고 있다고 했다. 그리고 그런 마음의 행위가 그 전에는 하나의 쾌락으로 느껴졌었는데 요즈음에는 오히려 생활에 방해가 될 만큼, 귀찮은 습관으로 자리잡혀 있다는 고백이었다. 한 번은 이런 일이 있다고 한다.

전철을 타고 서울역을 가는데 앞에 서 있는 승객들 사이로 아주 늘씬하고 아름다운 여인의 종아리가 보였다. 시선은 습관대로 여인의 종아리로 쏠렸고 마음은 성적인 호기심과 환상으로 가득찼다.

몇 정거장이 지나서였다. 앞에 서 있던 몇 명의 승객들이 내리자 그동안 시야에 가려졌던 늘씬하고 예쁜 종아리의 소유자 얼굴이 나타났다. 그런데 이게 웬 착각이었단 말인가. 그 종아리의 소유자는 그만 여자가 아닌 남자 대학생이었다. 제과점 거사님은 그만 속으로 스스로를 향한 실소가 터지면서 그렇게 매혹적이던 종아리가 꼴도 보기 싫은 모습으로 뒤바뀌더라는 것이었다. 이렇게 자신의 심중을 웃음 섞어 가면서 이야기하던 거사님은 부처님께서는 어떻게 중생들에게 성에 대한 집착을 끊게 하셨으며 자기 같은 사람의 버릇을 고쳐주셨는지 궁금하다는 것이었다.

불교의 입장에서 본 성(性)

이 이야기를 들은 필자는 그 거사님에게 거북하고 어색해서 함부로 꺼내 놓기가 힘든 문제가 바로 성욕에 대한 문제인 것만은 사실이지만 거사님뿐만 아닌 수행인들에게는 너나 없이 꼭 극복해야 될 과제로서 짚고 넘어갈 수밖에 없지 않겠느냐 하면서 그에 대한 설명을 해 주었다. 왜냐하면 성욕은 중생이 지닌 어떠한 번뇌보다도 뿌리가 깊고 질기기 때문에 이 문제를 해결하지 않고서는 수행을 완성할 수 없기 때문이다.

모든 중생들에게는 오욕(五欲)이라 일컬어지는 재물에 대한 욕구(財欲), 성에 대한 욕구(色欲), 음식에 대한 욕구(食欲), 명예에 대한 욕구(名譽欲), 수면에 대한 욕구(睡眠欲)가 있다. 특히 그중에서도 성에 대한 욕구와 음식에 대한 욕구, 그리고 수면에 대한 욕구는 중생들이 추구하는 여러 가지 욕구 중에서도 가장 기본이 되는 것들로 밑바닥에 크게 자리잡고 있다. 그야말로 성욕 없는 중생이 없고 먹지 않는 중생이 없고 자지 않는 중생이 없는 것이다.

그런데도 불법은 중생들의 근거로 삼고 있는 이러한 욕구와의 싸움을 요구하고 있고 그 초월을 요구하고 있다. 실제로 도를 이루신 부처님의 경지를 볼 것 같으면 일체의 다른 욕구는 물론이거니와 방금 말한 세 가지 기본 욕구를 넘어선 것이 분명하다. 성욕은 완전히 사라져 아무리 아름다운 여성을 본다 하더라도 털끝만큼의 요동이 없었고, 식욕도 완전히 넘어서 음식에 대한 탐착이 없이 중생 교화를 위한 육신 보전적 차원에서 최소의 양만 섭취하셨고, 수면욕도 완전히 끊어져 잠드는 것 대신에 삼매 속에 계셨다. 그야말로

148

욕망에 입각한 본능적 삶이 아닌 해탈에 입각한 지혜의 삶인 것이다.

하지만 아직 속된 욕망의 굴레 속에서나마, 저러한 부처님의 세계를 동경하는 우리 중생들은 하나씩 하나씩 그 욕망들을 줄여나가고 파괴시켜 나가는 수밖에 없다. 욕망의 파괴 없이는 어떠한 공덕도 성취할 수 없는 것이 부처님의 법인 것이다. 그렇다면 과연 이러한 욕망을 비롯한 수많은 욕구나 본능 가운데에서도 가장 문제가 되는 것은 무엇인가? 그것은 두말할 나위도 없이 위에서 주제로 삼았던 성욕이다.

어찌 보면 불교에서 말하는 해탈이란 최종적으로 성의 굴레로부터 해방을 말하는 것이기도 하다. 대부분의 주요 경전에서는 중생이 태어나고 죽고 하는 윤회의 원인이 모두 성욕으로 인해서 일어나므로 윤회를 끊고 부처를 이루려면 성욕을 제거해야 될 것이라고 설하고 있다. 어떠한 욕망에 대한 문제보다도 가장 강조해서 설하고 있는 부분이 바로 성욕에 관한 부분인 것이다. 이러한 말씀을 우리가 뒤집어 생각해 보면 그만큼 성욕을 끊기가 힘들다는 뜻이 들어 있는 것으로도 이해된다.

대승 수행의 필독서라 할 수 있는 『능엄경』에서 부처님은 제자 아난다에게 이렇게 말하고 있다.

"아난다야, 모든 세계의 육도 중생들이 그 마음이 음란하지 않으면 나고 죽음을 따름이 계속되지 않느니라. 네가 부처님의 거룩한 삼매를 닦는 것은 세상의 티끌에서 벗어나고자 함일 것인데 음식을 제거하지 않고서는 벗어날 수 없느니라.

　아난다야, 만약 마음 가운데의 음란함을 끊지 않고 선정을 닦는다면 마치 모래와 돌을 쪄서 밥을 지으려는 것과 같아서 백천 겁을 지내더라도 다만 그것은 뜨거운 모래와 돌일 것이니 네가 음란한 뜨거운 몸과 마음으로 부처의 묘한 과를 구하면 비록 그것이 어떠한 경지를 얻었다 할지라도 이것이 모두 음란한 마음의 바탕이라 삼악도의 윤회에서 벗어나지 못하리니 여래의 열반을 어찌 수증(修證)하겠느냐."

　부처님은 이렇게 말씀 하시면서 중생의 마음 속에 들어 있는 성욕의 경중(輕重)과 행위에 따라 내세의 생이 결정된다고도 하셨다.

　또 초기경전이라 할 수 있는 『사십이장경(四十二章經)』에도 성욕이 중생에게는 가장 무서운 병임을 밝혀주고 계신데 "성에 대한 욕망은 커서 끝이 없으니 마침 성욕을 행하는 뿌리(陰根)가 하나뿐이어서 다행이지 같은 것이 두 가지라면 도를 얻은 이가 세상에는 없을 것이다"라고 하셨다. 그래서 그랬는지 실제로 부처님 당시에는 성욕을 억제하려 해도 그치지 아니하거나 스스로의 성기를 끊으려고 했던 사건이 있었다.

　그때 부처님께서는 그 수행자를 불러 호되게 꾸짖으시면서 "음욕의 근본은 마음에 있는 것이지 몸에 있는 것이 아니니라. 마음은 부리는 자와 같아서 부리는 자를 그쳐 버리면 따르는 자는 모두 따라서 그친다. 삿된 마음을 그치지 않는데 성기를 끊은들 무슨 소용이 있겠는가"라고 힐책하셨다.

그렇다면 부처님께서는 어떠한 방법으로 수행자들의 음욕을 다스리게 하셨을까. 부처님은 병에 따라 약을 쓰는 양의이시다. 그 약은 다름아닌 관법(觀法)이다. 관법은 중생들의 그릇되고 왜곡된 사견을 없애주고 욕망과 집착에 물들여진 마음을 정화시켜준다. 관법에는 크게 나누어 두 가지가 있는데 하나는 실상관(實相觀)이고 또 하나는 대치관(對治觀)이다. 실상관이란 몸과 마음의 실상을 있는 그대로 살펴보는 것이고 대치관은 치우친 집착을 깨뜨리기 위해서 그와는 반대되는 방편으로 몸과 마음을 살펴보는 것이다.

관법을 통한 성욕 제어

부처님께서는 중생의 어지러운 생각을 다스려주기 위해서는 호흡관(呼吸觀)을 가르쳐 주셨고 성내는 마음을 꺼주기 위해서는 자비관(慈悲觀)을 가르쳐 주셨고 '몸이 나다'라고 여기는 마음을 없애주기 위해서는 무아관을 가르쳐 주셨고 이 세상이 항상하다고 여기는 중생에게 무상관(無常觀)을 가르쳐 주셨다.

그리고 특히 그중에서도 지금 말하고 있는 성욕에 치우쳐 있는 수행자에게는 다음과 같은 방편을 주어 그 마음을 다스리게 하였는데 바로 대치관에 입각한 부정관(不淨觀)이다.

부정관이란 이성에 대하여 잘생겼다, 아름답다라고 느껴 애욕을 품는 집착을 깨뜨리기 위해서 행하는 관법이다. 이 관법은 부처님 당시의 제자들에게는 매우 집중적으로 닦게 했던 것으로 일명 구상관(九想觀)이라고도 하는데,

구상이란 아홉 가지의 더러운 모습을 직접적으로 반복해서 보고 그것을 성욕이 일어날 때마다 차례로 떠올리는 방법이었다.

　우선 구상관을 하기 위해서는 먼저 방금 죽은 사람을 찾아가는 것이다. 인도에서는 예로부터 사람이 죽으면 묻거나 화장하는 것 외에 들판에 버리거나 물 속에 던져 버리는 풍습이 있었다. 마지막으로 죽으면서 자신의 하잘것없는 육신을 새나 길짐승 혹은 물고기들의 먹이로 주기 위해서였다. 아무튼 이렇게 버려 있는 죽은 사람의 모습을 찾아 집중적으로 들여다 보면서 육체의 허무함과 더러움을 깨닫는 것인데 그 구상관은 다음과 같다.

　첫째는 창상(脹想)으로 사람의 시체가 곡식 자루처럼 퉁퉁 부은 모양을 집중적으로 살펴 마음 속에 꽉 들어차게 한 다음 그 모습을 두고두고 떠올리는 방법이다.

　두번째는 괴상(壞想)으로 시체의 가죽과 살이 문드러지는 모양을 집중적으로 살펴 수행하는 것이다. 세번째는 혈도상(血塗想)으로 시체가 피고름으로 더러워진 모양을 살피는 것, 그리고 네번째로는 농란상(膿爛想)으로 시체에서 벌레가 생겨 들끓는 모습을 살피는 것이다. 다섯번째, 청어상(靑瘀想)으로 시체에 피고름이 섞이고 엉겨 푸르딩딩한 모습으로 변한 것을 살펴봄이다. 여섯번째는 담상(瞰想)으로 시체를 새나 짐승 등이 파먹는 모습을 살피는 것이다. 일곱번째는 산상(散想)으로 시체의 가죽과 살이 흩어지고 뼈가 뒤얽혀 있는 모습을 살핌이다. 여덟번째는 골상(骨想)으로 흰뼈만 남아 낭자한 모습을 살피는 것이다. 맨마지막 아홉번째는 소상(燒想)으로 시체가 불에 타든지 재가 되든지 하는 모습을 살핌이다.

이렇게 집중적으로 구상관을 닦다 보면 아무리 성욕이 치성한 사람이라 할지라도 그 기운이 사라지게 된다고 하는데, 가령 이성의 모습을 본다든가 이성이 마음에서 그리워지게 되면 자연히 구상관을 닦아 습관에 의하여 성욕이 일어나는 찰나 시체의 모습을 떠올리면서 이성에 대한 성적인 욕구를 소멸시킨다는 것이다.

어느 경전에 보면 부처님의 상수제자 가섭 존자가 길가의 나무 밑에서 경행을 하고 있는데 웬 젊은이가 헐레 벌떡 뛰어오더니 "스님, 혹시 이 앞으로 젊은 여자가 급히 도망가는 것을 못보셨습니까?"하고 묻자 가섭 존자는 "글쎄 방금 뼈다귀 한 틀이 지나가는 것을 보았소만 그가 여자인지 남자인지는 모르겠소"라고 대답했다는 얘기가 나오는데 이게 바로 구상관을 말하는 것이 아닌가 생각된다.

그런데 이와 같은 관법에 대해서 현재를 사는 우리들은 적지 않은 괴리감을 느낄 수 있다. 물론 이러한 관법이 훌륭한 방편인 것만은 의심할 여지가 없지만 현재의 처지로서는 행하고 싶어도 행할 수 없다는데 문제가 있는 것이다. 음욕 끊는 수행을 하겠다고 시체를 어디서 구할 수도 없는 일이고 혹 시체를 보았다 할지라도 요즈음 같은 시대에 그런 주제를 가지고 관법을 한다는 것도 불가능한 일이다. 그렇다면 어떻게 할 것인가. 무슨 방법을 써야만 점차적으로라도 성의 욕구로부터 벗어나 청정한 마음을 얻을 수 있는가.

수행에는 출가와 재가가 따로 있을 수 없다. 음욕으로부터의 초월은 비단 스님뿐만의 과제가 아닌 깨달음을 추구하는 모든 수행자들의 과제이다. 하지만 스님들이야 이미 일생의 과업을 끊는 것으로 목표를 세우고 모든 것을 버리셨지만 일반 속인들은 그렇지 못하다. 결혼을 해서 배우자를 두고 있기 때문이다.

음욕을 잠재우는 '마음 집중'

성욕은 몸으로 참는다고 해서 없어지는 것이 아니다. 성욕은 방편을 빌리지 않고 수행하지 않으면 아무리 몸으로 억압한다 해도 결코 해결될 수 없다. 잘못 억압하면 도리어 몸에 화가 생기거나 정신적 폐해가 생기게 된다. 그런데 다행히도 부처님께서는 위에서 제시하신 구상관법과 같은 파격적인 방편이 아니라도 능히 성욕을 포함한 모든 욕망을 다스려 깨달음을 얻을 수 있는 방편을 열어 주셨다.

그것들이 무엇이냐 하면 우리들도 잘 아는 일상적인 수행방법들이다. 즉 염불을 하거나 간경을 하거나 다라니를 독송하거나 참선을 하거나 해서 자기의 마음을 보는 것이다. 이러한 수행을 집중적으로 하다 보면 하나의 삼매를 체험하게 되는데 이 삼매체험이 능히 성욕을 억제시켜주는 힘이 된다.

불법의 측면에서 보면 성욕은 육체적 생리작용 때문에 일어나는 것이 아니라 중생들 마음 속에 내재되어 있는 이성에 대한 집착 때문에 일어나는 것이다. 달마 대사는 『혈맥론』에서 "음욕을 끊지 못한 속인은 어찌하여야 도를 얻습니까"라고 묻는 속인의 질문에 "음욕 끊을 것을 문제 삼지 말고 오로지 자신의 마음을 관찰하여 깨닫는데 집중하라. 마음 성품을 깨달으면 음욕은 저절로 사라진다"라고 대답했는데 이게 아주 적절한 말씀이다. 자기의 마음을 집중해서 관찰하다 보면 음욕도 함께 관찰되기 때문에 마음이 소멸하면 음욕도 소멸된다는 뜻이다.

우리가 스님들을 존경하고 신뢰하는 것도 따지고 보면 그분들의 생활이 일반 세속의 사람들과는 달리 누리고 싶은 욕망들을 단절하고 있기 때문이다. 설혹 그분들 중에 마음의 욕망이 있어 보통 사람들과 다를 바 없다손 치더라도 겉모습이나마 자신을 지키고 인욕하는 모습을 갖는다는 것은 결코 쉬운 일이 아닌 것이다. 물론 속인들로서는 성이란 부부간의 사랑을 확인하는 중요한 매개체이기 때문에 성욕을 완전히 단절시킨다는 것은 무모한 짓이겠지만, 그것도 깨달음을 향한 얼마만큼의 간구심이 있느냐에 따라 좌우될 수 있다고 생각된다.

중생의 마음은 일으키면 일으킬수록 강해지는 법이다. 성욕도 예외일 수는 없다. 필자는 제과점 거사님에게 항상 다른 문제에도 그러하듯 『금강경』에서 말씀하고 계시는 '범소유상 개시허망(凡所有相 皆是虛妄)' 사구게를 항상 염하고 관할 것을 권하였다. 즉, 어느 이성을 보게 되어 마음이 그쪽으로 옮아가려고 하면 그 즉시로 '범소유상 개시허망' 하면서 마음을 차단시키고 마음이 동하여 생리적으로 몸뚱아리가 반응을 할 때에도 일부러 욕구를 증장시키지 말고 집중적으로 사구게를 독송하여 마음을 안정시키라고 가르쳐 주었다.

　실제로 수행을 거듭 쌓아 번뇌 망상을 깨뜨려 밝은 마음자리가 생기면 음욕의 조짐은 훨씬 약화된다.

　우리들의 몸은 마음의 지배를 받고 마음 역시도 몸의 지배를 받는다. 하지만 그 힘에 있어서는 마음이 몸보다 훨씬 앞서고 강한 것이다. 만약 우리들이 마음 속에 일어나는 성욕의 조짐을 그대로 관찰하여 지혜로 돌리는 수행을 조금씩이나마 지속한다면 성욕을 일으키는 주체로서의 '나'가 본래 공하다는 사실을 깨닫게 될 것이고 그렇게 되면 남자다 여자다 하는 집착도 사라질 것이다.

　불법은 모든 것이 자기의 선택에 달렸다고 가르친다. 눌러앉아서 하던 짓거리를 계속할 것이냐, 아니면 아쉬워도 자리를 박차고 떠날 것이냐는 언제까지나 자신의 몫인 것이다.

마음을 관찰하는 방법과 단계

마음 탐구 어떻게 할 것인가

어떤 스승이 제자에게 긴 막대기 하나를 던져주면서 "너는 그 막대기를 아주 없애 버려라. 막대라는 형상과 이름이 남지 않도록……. 그런데 너에게는 아무런 도구도 줄 수 없다. 물 속에 집어넣어도 안 된다. 땅 속에 묻어도 안 된다. 눈에 뜨이지는 않을지라도 형상은 없어진 것이 아니니까. 다만 네가 지니고 있는 힘과 두 손으로 그 막대기를 없애야 한다"라고 분부했다면 그 제자는 어떻게 할까?

아마 이 궁리 저 궁리 하다가 그가 지혜로운 제자라면 다음과 같은 방법을 발견할 것이다.

즉 긴 막대기를 우선 반으로 분질러 두 개의 막대기로 만든다. 그런 다음 두 개의 막대기를 서로 힘있게 문질러 마찰시킨다. 그러면 필시 무엇이 발생할까? 불이다. 바로 불이 발생해서 두 개의 막대기를 태우게 된다. 그러면 타버린 막대기는 재로 변할 것이고 제자는 그 재를 사방에 뿌리면 되는 것이다.

또 하나의 비유가 있다. 우리가 흔히 이용하는 라디오나 전축, 고급 카세트 같은 음향 기기를 살펴보면 돌비 시스템(dolby system)이라는 것이 있다. 스피커에서 잡음이 발생할 때 이 스위치를 누르면 소리가 맑고 깨끗해지는 것으로 쉽게 말해 잡음제거 장치라고 이해하면 된다.

전문가의 말을 빌리면 이 돌비 기능은 참으로 간단하면서도 묘해서 듣고 싶어하는 녹음 테이프나 방송에 잡음이 섞여 있다든가 들어오면 그 잡음을 제거시키기 위해 음향기기 내에서 자체적으로 또 다른 잡음을 발생시킨다는 것이다. 그리고 그렇게 발생시킨 잡음은 발생하자마자 앞의 테이프나 음반, 방송에서 발생한 잡음을 제거시키고 동시에 함께 사라진다는 것이다.

왜 이런 비유들을 드는가 하면 부처님의 가르침을 수행하는 우리들에게 있어 이러한 예는 아주 중요한 의미를 찾게 하기 때문이다. 수행이란 마음이 마음을 멈추게 하고 마음이 마음을 보게 하고 마음이 마음을 깨닫게 하는 것이다. 화를 내는 사람이 자기 스스로가 화를 내는 줄 알고 화를 내지 말자고 마음을 먹으면 화가 사라지는 것처럼 수행도 정도의 차이는 있지만 그와 같다. 번뇌를 일으키는 것도 마음이라면 그 번뇌를 그치겠다고 하는 것도 마음이라는 말이다.

이것을 『아함경』에서는 "하고자 함으로 하고자 함을 끊는다"라고 표현하셨고 『원각경』에서는 "모든 환(幻, 번뇌마음)을 환 같은 방편(수행하는 마음)으로 닦는다"고 하셨다.

불교의 이상적 경지를 나타내는 말들, 열반·해탈·반야·견성은 그냥 얼어지는 것이 아니다. 남을 도와주는 선행, 자신의 감정 다스리기, 계율 지키기, 부처님께 공양하기 등이 모두 수반되어야겠지만 깨달음을 목표로 하는 수행자가 가장 먼저 중점을 두어 탐구해야 될 부분이 있다면 자신의 '마음'을 문제삼는 일이다.

시시각각 찰나찰나 한시도 머무르지 못하고 온갖 짓거리를 일으키는 마음을 과제로 삼지 않는다면 깨달음은 절대로 오지 않는다. 온갖 선행과 바라밀도 마음 탐구에 바탕을 두었을 때 비로소 완전해진다.

이렇게 중요한 마음 탐구를 우리는 어떻게 해야 할 것인가? 필자가 이 글을 쓰면서 가장 많이 언급했던 부분이 있다면 마음관찰(觀)과 마음집중(止)의 필요성일 것이다. 마음을 관찰하는 일(觀法)이 집중적으로 행해졌을 때(止法) 마음의 본성을 깨닫고 열반자리·해탈자리·반야자리·견성자리를 증득하는 것이다.

물론 여기서 관찰하라고 하는 마음은 일단 짓고 부수기를 계속하고 있는 윤회망심이라는 것을 명심해야 한다. 평상시에 일고 꺼지는 자신의 마음 흐름들을 마음이 알아채게끔 길을 들여야 한다. 윤회망심은 그냥두면 점점 세력을 쌓아 그칠 줄 모르고 흘러간다.

먼저 윤회망심을 관찰하라

무엇보다도 먼저 흐르는 망심을 알아채는 일이 중요하다. 만약 윤회하는 마음에 대한 알아차림이 일어나면 그 윤회망심은 스스로 기세가 약화되고 소멸하게 된다. 이런 알아차림 관법이 지속되는 사람은 마음이 두 개가 되는 수행자라고 할 수 있다. 하나는 중생짓거리하는 마음이고 또 하나는 중생짓거리 하는 마음을 보고 있는 마음이다. 말하자면 마음 속에 도둑놈과 도둑놈을 감시하는 경찰관이 있는 셈이다. 이때의 경찰관 같은 역할을 하는 마음은 바로 지혜와 열반과 깨달음을 낳게 하는 종자가 된다. 자신의 마음을 항상 관찰 주시하는 행위가 자리 잡히지 않으면 깨달음은 절대로 오지 않는다.

•그런데 여기서 말하는 윤회망심은 어디서부터 어디까지인가. 모두가 다 윤회망심이다. 착한 마음, 악한 마음, 착하지도 악하지도 않은 마음이 다 윤회망심에 들어간다.

화내고 억울하고 침울한 감정의 마음뿐만이 아니라 웃고 기쁘고 즐겁고 무덤덤한 마음까지도 모두 윤회망심이다. 심지어는 관찰하고 알아차리는 마음까지도 모두 윤회망심이다. 위에서 든 비유처럼 망심을 잡는 방편으로서의 관찰하는 마음은 망심이 사라지면 함께 사라진다. 그러나 이 관찰하는 망심은 윤회망심을 잡는 망심이므로 다른 망심과는 다르다.

눈(眼) 속에 황금 가루가 들어갔건 먼지가 들어갔건 밀가루가 들어갔건 쓰라린건 마찬가지이다. 그러니까 모든 감정, 모든 마음 살림을 놓치지 말고 보아야 된다는 말이다. 푸른 허공을 보려면 좋으나 그르나 하늘을 응시하는 그런 행위와 같다.

구름이 푸른 허공을 꽉 가리웠더라도 그 구름을 보고 있어야 허공을 보게 되는 것처럼 윤회망심을 관찰해야 윤회망심이 아닌 진여해탈의 깨달음 자리를 보게 된다는 말이다. 오온을 비추어보아야 비로소 오온이 실체가 없는 거짓이었음을 알고(照見五蘊皆空), 오온이 거짓이니 오온에 붙어 있다고 여기던 고통도 거짓이었음을 깨달아 고통으로부터 벗어나게 되었다(度一切苦厄)는 말씀이 여기서 나온 것이다.

고를 보는 자, 열반을 본다

보아야 소멸되고 소멸되면 깨닫는다는 공식이 여기에 있다. 윤회망심을 보아야 진여자성을 볼 수 있다는 말은 부처님이 아난다에게 말씀하신 "고를 보는 자 열반을 본다"는 말과 같은 것이다.

그런데 여기서 반문하는 사람이 있을 것이다. "정녕 그렇게만 되면 좋겠으나 마음이 마음을 관찰하는 일은 이론적으로는 가능할 것 같으면서도 실제로는 막연하다. 설혹 관찰한다 해도 그 힘이 매우 미약할 뿐더러 하루에 한두 번 몇 초 동안 밖에는 되지 않을 것이다"라고 하는 경우도 있고, "더러 화가 날 때나 속이 상할 때 그 마음을 알아채고 깨뜨려 버릴 수는 있지만 막상 큰 경계가 감정을 일으킬 때엔 마음 다스리기가 쉽지 않은데 어떻게 해야 할 것인가 하는 경우도 있을 것이다.

당연한 질문이다. 우리들의 마음에 일어나는 살림살이에는 크게 세 가지의 느낌이 일어난다. 불쾌한 느낌, 즐거운 느낌, 무덤덤한 느낌(이것은 苦, 樂, 捨 三受라 함)이 그것이다. 이 세 가지 느낌은 윤회망심에 늘 따라 붙는다. 결국 윤회망심을 관찰한다는 것은 이 세 가지 느낌을 관찰한다는 말과도 같다. 관찰이 자유자재로 되는 고도의 수행자에게는 이 세 가지를 모두 관찰할 수 있겠지만 처음 공부해 들어가는 사람들은 역시 불쾌한 느낌부터 관찰하게 될 것이다. 이것이 숙달되면서 그 다음이 즐거운 느낌, 그리고 이 두 가지가 어느 정도 익혀지면 자연히 무덤덤한 생각들도 나중에 관찰할 수 있다.

역시 이러한 수행을 실제로 느끼고 맛보면서 닦아나아가려면 사전에 먼저 해두어야 될 일이 있다. 그 첫번째는 우선 자기의 마음을 관찰해야겠다는 강력한 의지가 필요하다. 자신의 마음이 대상에 홀려 감정을 일으키는 것을 매우 분하게 여기고 다시는 의식놀음에 속지 않아야겠다는 마음을 일으켜야 한다. 싸움 아닌 싸움이 진지하게 자신의 내부에서 일어나야 한다. 어떠한 경우라도 대상을 문제 삼지 않고 대상을 보고 일으키는 자아의식의 윤회망념을 문제 삼아야 한다는 말이다.

이렇게 자기 마음의 흐름을 주시하겠다고 의지를 크게 일으키게 되면 그 자체만으로도 마음의 양상들을 조금씩 보게 된다.

망심 하나를 더 만들라

다음으로는 자신의 마음 흐름을 보겠다는 의지에다 이 글 앞부분에서 든 두 가지 비유를 적용시키는 일이다. 막대기를 분질러 두 개의 막대기를 만든 후 서로 비벼 불을 일으키듯, 잡음을 잡기 위한 방법으로 또 다른 잡음을 발생시키듯, 윤회망심을 제거하기 위해서 윤회망심 자체 속에서 스스로를 제동시키는 망심 하나를 만드는 것이다. 이때의 구도의지에서 만들어진 망심은 윤회망심을 제거시켜주는 망심이기 때문에 후에 해탈 지혜를 이루게 해주는 주된 역할을 한다. 이것이 다름 아닌 염불, 화두, 주력 등과 같은 수행방편들이다.

가령 관세음보살이나 아미타불 등과 같은 염불로써 윤회망심을 보려면 일체의 다른 생각이 들지 않도록 집중적으로 불보살의 명호만 외워야 된다. 이 점은 화두나 경전귀절 암송에서도 마찬가지다. 그렇게 해서 나중에 마음 깊숙한 곳까지 불보살의 명호나 화두가 자리하게 되면 일행삼매(一行三昧)가 이루어지는데 이때는 밥먹고 말하고 일하고 잠자는 가운데서도 그 명호나 화두가 끊이지 않는다.

예를 들어 겨울 냇가의 물 표면은 얼음이 얼어 딱딱한 것 같지만 얼음 밑의 물은 쉬임없이 흐르는 것처럼 일상생활을 하는 마음 가운데서도 수행하는 마음은 따로 있게 된다. 이것이 바로 정(定)이다. 이렇게 하여 형성된 정(定)은 자신을 보겠다는 의지와 결합하여 순간순간에 일고 꺼지는 윤회망심의 진행을 보고(觀) 차단시키고(止) 격파시킨다(滅).

사람마다 근기에 차별은 있겠지만 이 정도가 되면 각성(覺性) 상태를 경험하게 된다. 흐르고 움직이는 모든 의식 속에는 실체로서의 자아가 없다는 것(無我, 空)이 확인되는 것이다. 그것이 비단 확철대오한 깨달음의 상태는 아닐지라도 이러한 체험을 겪은 당사자는 여간한 기쁨을 맛보는 것이 아니다. 그동안 꼭 붙들고 있던 자아의식이 한순간에 사라져 밝게 드러난 허공과 같은 해탈의 마음에는 '너다, 나다'가 하나의 꿈이요, '옳다, 그르다'가 한 편의 드라마다.

흐르는 것은 망심분별의 윤회심이었지 참나, 진아로서의 각성은 움직임이 없다는 것을 스스로 안다. 이때의 움직임이 없는 각성자리는 항상 밝아 있으면서 일고 꺼지는 세간의 생활을 환히 비추어 주고 이끌어 준다. 부처되는 삶, 보살되는 삶이 이로써 이루어지는 것이다.

수행이란 참으로 좋은 것이다. 그런데도 수행을 하려는 사람들은 많지 않다. "극히 작은 몇몇의 새들만이 그물을 벗어나 허공을 나르듯이 선택된 소수의 사람들만이 깨달음을 얻어 자유로와진다"고 말씀하신 『법구경』의 내용처럼, 부처의 세계가 열리는 것이다.

마음 관찰, 왜 중요한가

상념은 날개를 달고……

부처님 당시 상카락키타 테라(thera : 장로)가 있었다. 그는 아주 덕이 높은 비구였는데, 그에게는 자기와 같은 이름을 가진 조카가 있었다. 그 조카는 자기의 삼촌을 존경하여 출가해 상카락키타 테라의 제자가 되었다.

어느때 조카 상카락키타 제자는 신자로부터 카사(kasa, 비구들이 입는 옷) 두 벌을 받았다. 그것은 매우 좋은 천으로 만들어진 것이었고, 조카 상카락키타는 그것 중 한 벌을 스승에게 선물하고 싶었다. 그는 아직까지 수행의 도(道)와 과(果)를, 다시 말해서 수행을 통한 참다운 이익을 얻지 못하고 있었다. 그랬던 그는, 카사 한 벌은 자기가 입고, 나머지 한 벌을 스승에게 드리면, 그 공덕으로 자신도 도와 과를 얻을 수 있지 않을까 생각했던 것이다.

어느날 기회를 보아 그는 카사를 가지고 가 스승에게 드렸다. 그런데 스승은 그것을 거절하는 것이었다. 스승은 말했다.

"나는 이미 카사가 있으니 이것은 네가 입든지 다른 테라에게 드리도록 하여라."

그 말씀은 제자가 기대했던 결과가 아니었다. 그래서 그는 스승에게 생각을 바꿔주실 것을 청했다. 그렇지만 스승은 한번 정한 결정을 바꾸려 들지 않았다. 그러자 제자는 한사코 자기의 뜻을 관철하려고 자꾸만 카사를 받아주실 것을 청했다. 그런데도 스승은 그의 뜻을 끝내 거절했다.

결국 그 일은 그렇게 끝나고, 제자는 서운하고 겸연쩍은 생각으로 스승의 뒤에 서서 파초잎으로 부채질을 해드리게 되었다. 그런데 부채질을 하는 동안에 제자의 마음 속에는 하나의 상념이 떠올랐고, 그 상념은 다음과 같이 꼬리를 물고 이어져갔다.

나는 괜히 출가한 것이 아닐까? 이렇게 제자에 대해 자비심과 수용하는 마음이 적은 스승 밑에서 수행을 한다는 것은 괴로운 일일 것이다. 내가 만약 집으로 돌아간다면 어떨까? 나는 이 카사를 팔아서 암염소 한 마리를 살 수 있을 것이다. 그걸 키워서 새끼를 낳게 하자. 그래서 새끼를 시장에 내다 팔아서, 다시 많은 암염소를 사들이자. 이렇게 돈을 자꾸 불려 나가다 보면 언젠가는 큰 부자가 될 수 있는 거야.

그러면 마음에 맞는 여자를 골라 장가를 가야지. 그리고 아이들도 낳게 되겠지. 나는 재일(齋日)날 아내와 아이들을 마차에 태우고 사원으로 법회에 참석하러 갈 것이다. 그때 아내는 아이를 안고 내 옆에 앉을 거야. 나는 아이를 안아보고 싶어서 아내에게 아이를 내게 넘겨 달라고 하겠지. 그런데 아내는 당신은 지금 마차를 몰고 있으니 아이는 내가 안고 가겠다고 말할 테지. 그러면 나와 아내는 서로 아이를 안고 가겠다고 실랑이를 하게 되고…… 그러다가 그만 아이가 땅에 떨어진다. 안돼! 아이는 그만 피투성이가 되어 죽어 버리고 나는 아내를 마구 두들겨 패면서 소리치게 될 것이다. "이 여편네야! 네가 내 인생을 망쳐버렸구나!'"

그런데, 거기까지 상념을 따라가던 제자의 손은 그만 파초잎으로 스승의 뒷통수를 힘껏 내리치고 말았다. 그리고 그 순간 제자는 깜짝 놀라 정신을 차렸는데, 자기가 저지른 일이 어떤 것인지를 알자 크게 당황하여 마구 도망치기 시작했다.

이때 사원 안을 거닐던 비구들이 그를 발견하게 되어 그를 부처님께 데리고 갔다. 부처님께서는 그에게 어떻게 해서 이같은 일이 일어났는지를 다 들으신 다음 이렇게 훈계하시었다.

비구여, 좋은 옷을 스승에게 바친다고 해서 수행이 진보되는 것은 아니다. 자기 마음을 잘 모아 흐트러지지 않게 하고, 마음 속에 더러움과 어리석음이 조금도 남아 있지 않게 해야만 깨달음을 성취하게 되느니라. 비구여, 마음이라는 것은 몸을 이곳에 둔 채 멀리 나가기도 하고, 얼마든지 과거나 미래로도 가느니라. 비구여, 마음을 멀리 내보내지 말지니라. 마음을 과거나 미래로 내보내어 잃어버리지 않도록 조심하여라. 너는 조금 전에 마음을 잘 관찰하고 있지 않았기 때문에 상념을 따라가게 되었고, 결국은 스승의 머리를 때리게 된 것이 아니겠느냐.

이 충고를 잘 이해한 그는 그 뒤로 열심히 수행하여 높은 경지를 성취할
수 있었다.

마음을 잡지 못한 죄

이 이야기 속에는 깨달음을 향해 수행하는 사람들이 새겨두어야 할 몇 가
지 이익되는 진실이 숨어 있다. 우선 상카락키타의 행위에 무슨 문제가 있었
는가를 한번 살펴보자.

상카락키타의 첫째 잘못은 스승에게 옷을 바침으로써 자신도 깨달음을 성
취할 수 있을 것이라고 착각한 데 있다. 항상 강조하지만 불교에서 말하는
최고의 공덕은 깨달음을 성취하는 일이다. 그런데 이 깨달음이라는 것은 결
코 누가 대신 이루어줄 수 있는 것이 아니다. 깨달음이라는 것은 자신의 지
혜를 통해서 나타나는 것이므로 부처님도 어떻게 해줄 수가 없다. 비록 자신
이 목숨을 바쳐 귀의한 스승이 아무리 위대하다 할지라도 스스로 수행하고
노력하지 않는다면 아무 소용이 없게 된다.

그런데 어리석은 상카락키타는 스승이라는 대상에게 정성을 바치는 일로
깨달음을 얻을 수 있을 것이라고 여겼다. 사실 이와 같은 생각은 비단 2천5백
년 전의 상카락키타 같은 비구에게만 있는 것은 아니다. 형편을 말하자면 현
재의 불자 대부분의 의식구조도 이와 같은 수준에서 벗어나 있지 못하고 있

는 실정이다. 언필칭 기도니 가피니 하는 식의 수행이 그것이다. 이러한 식의 수행 속에는 늘 대상을 향해 구하려는 기대 심리와 더불어 자신의 힘으로는 어찌 할 수 없다는 나약함과 불안감이 감추어져 있다.

과연 누가 나에게 길·흉·화·복을 대신해 줄 수 있고 가져다 줄 수 있는 것일까? 만약 그것이 나 자신의 행위 외에 따로 대신해 주고 가져다 주는 자가 있다고 말하거나 믿는다면 그는 부처님의 법을 바르게 이해하는 자라고 말할 수 없다. 모든 행위를 짓는 자도 자신이고 받는 자도 자신이다. 그 점에서는 깨달음이라는 것도 마찬가지이다. 자신이 수행을 해야만이 깨달음을 얻을 수 있는 것이기에 불교는 언제나 자력(自力)을 요구한다. 자신이 뿌린 것은 자신이 거둔다는 진리는 깨달음을 얻는 데도 예외는 아니다.

다음 상카락키타의 두번째 잘못은 자신이 바친 가사가 스승에 의해서 거절당했을 때 일어난 감정을 잘 관찰하여 다스리지 못했다는 데 있다. 불교에서 수행의 기초는 우선 감정을 다스리는 일로부터 시작된다.

중생의 마음은 늘 흐름으로 이어져 있다. 이렇게 흐르는 마음은 바깥 경계를 만나게 되면 순간 그쪽으로 빨려들어가게 되고 여기에는 좋든지 나쁘든지 아무렇지도 않든지 하는 등의 감정을 유발시킨다.

상카락키타 비구는 공덕이라는 자신의 이익을 위해서 스승에게 계속하여 가사를 바치려 했다가 거절을 당하자 기분이 우울하게 되었다. 이런 일 역시도 상카락키타 같은 비구에게만 있는 것이 아닌 우리의 생활 속에서도 늘 경험되는 것들이다. 우리들의 마음에 일어나는 슬픔이나 노여움 혹은 불안감,

우울함 따위는 모두 그 근원을 찾아들어 가보면 무엇인가를 얻으려 하는 욕망에서 비롯되었다는 것을 알 수 있다. 그런데 욕망이라는 것은 현재는 있지 않은 것을 현재의 자기 것으로 만들고 싶어하는 집착이다.

바로 중생의 고통은 여기에 그 원인이 있다고 할 수 있다. 고통은 현재의 자기와 욕망에 의한 갈등으로부터 비롯된다. 그러므로 수행이란 마음의 욕망을 쉬는 일이고 일어나는 감정을 잘 다스리는 일로부터 시작된다고 하는 것이다.

만약 상카락키타 비구가 지혜로운 수행자였다면 아무런 전제도 없는 마음으로 스승에게 가사를 바쳤을 것이고 설혹 그 스승이 가사를 받지 않았다 해도 서운하고 실망스러운 감정이 일어나지 않았을 것이다. 뿐만 아니라 스승이 자신이 바친 가사를 받지 않음으로 해서 마음에 감정이 일어났을 때 상카락키타 비구가 자세히 관찰하여 그것을 되도록 빨리 소멸시켰다면 그는 매우 자유스러운 마음상태를 유지할 수 있었을 것이다.

마지막으로 상카라키타의 세번째 잘못은 스승으로부터 깨달음을 얻어 보겠다는 욕망이 원인이 되어 생긴 감정을 다스리지 못해 미래에 대한 상상의 나래를 편 탓으로 '지금 여기'의 위치로부터 벗어나 버렸다는 데 있다.

이와 같은 결과는 스승의 뒷통수를 때리는 행위로 이어졌고 그로 인하여 상카라키타 비구는 당황함과 겁냄이라는 고통을 당해야만 했다.

문제는 '지금 여기'의 삶

수행은 '지금 여기의 삶'을 철저하게 사는 법을 익히는 공부이다. '지금 여기'의 삶이란 마음이 지나간 과거에도 머무르지 않고 오지 않은 미래를 상상하여 머무르지도 않으면서 밥 먹을 때는 밥 먹는 행위에만 마음이 가 있고 걸을 때는 걷는 행위에만 마음이 가 있으며 일할 때는 일하는 행위에만 마음이 가 있는 삶이다. 이러한 삶은 철저한 마음 살핌의 숙달에 의해서만이 가능하다. 시간적으로나 공간적으로 늘 깨어 있는 상태가 유지되려면 마음의 흐름을 예의 주시해야만 한다. 중생들의 마음은 늘 현재의 행위와 일치되어 흐르지 않는다. 몸은 걷는데 마음은 지나가는 사람들의 얼굴을 감상하고 있다. 입은 밥을 씹는 데 마음은 자식의 성적에 가 있다. 이 얼마나 부질없는 에너지 소비인가?

　상카락키타 비구는 '지금 여기'에 있지 않은 미래의 가정에 마음이 가 있으므로 해서 현실의 부채 부치는 자신을 상실해 버렸다. 불교의 수행은 중생의 삶에 있어 쓸데없는 소모적 생활을 벗어나게 한다. 오직 찰나찰나의 삶을 좀더 철저하고 면밀하게 바라보게 하여 지혜를 열리게 하고 자유를 얻게 한다.

　중생의 집착에 의해서 일어난 하나의 망념은 꼬리에 꼬리를 물고 이어져 다른 수많은 망념들을 야기시킨다. 수행은 하나의 망념이 일어날 때 놓치지 않고 예의 관찰하는 것을 통해서 뒤에 생길 망념을 미연에 방지하는 작업이기도 하고 실낱처럼 가늘게 시작되는 감정의 흐름이 더욱 부풀려지기 전에 소멸시키는 행위이기도 하다.

처음에 일어나는 가늘고 여린 감정을 제어하기는, 그것이 커져서 행동으로 변한 뒤보다 훨씬 쉽다. 나쁠 땐 나쁜 감정의 조짐이 일어나는 것을 놓치지 말고 관찰하고 좋을 땐 좋은 감정의 조짐이 일어나는 것을 놓치지 말고 관찰하여 놓아 버리는 수행 습관을 지속적으로 실천해 본다면 나름대로의 행복을 현실 속에서 반드시 느낄 수 있다고 본다. 24시간 수행에만 힘쓸 수는 없다 하더라도 바로 이와 같은 정견이라도 지니고 있어야만이 불자다운 생활을 해나가는 사람이라고 할 수 있을 것이다.

순간순간 깨어 있는 삶

마음의 속성

인간이 처한 모든 고통의 원인이 번뇌로부터 비롯되었다는 점은 불교를 바르게 공부한 사람은 누구나 알고 있는 사실이다. 따라서 인간이 추구해야 할 진정한 자신에 대한 가치가 있다면 번뇌를 깨뜨리고 소멸시키기 위한 노력을 통하여 해탈의 기쁨을 얻는 것에 있다. 그리고 이것은 마음을 철저하게 관찰하고 알아채는 행위로써만이 가능한 것임을 부처님께서는 누누히 강조하셨다.

우리의 마음은 쉴새없이 작용하면서 수많은 번뇌를 야기시킨다. 만약 우리들이 수행이라는 것을 하지 않는다면 번뇌의 흐름을 절대 멈추게 할 수 없을 것이다. 마음은 늘 밖을 향해 튀어나가려는 습성을 가지고 있을 뿐만 아니라 과거나 미래를 향해 날아가려는 버릇을 가지고 있다. 인연을 만나면 순간순간 변하기도 하고 삼악도를 짓기도 하며 생사를 만들기도 한다.

하지만 그렇다고 해서 우리는 마음의 이러한 속성에 대해서 꼭 절망만 할 필요는 없다. 왜냐하면 마음이라는 것이 반드시 번뇌와 고통만을 일으키는 부정적인 존재만은 아니기 때문이다. 마음은 참으로 불가사의한 존재인 것만은 틀림없다. 마음이 곧바로 대상을 향해서만 작용한다든가, 집착이나 욕망을 일으키는 것만은 아니다. 마음은 수행을 하고자 하는 의지를 낳게도 하고 마음 스스로의 본질을 규명시키게도 할 수 있으며 모든 법의 참모습을 밝혀낼 수도 있다.

마음 스스로는 인연에 의하여 얼마든지 다르게 능력을 발휘하고 창조해낼 수 있는 힘을 지니고 있는 것이다. 어두움으로 흘러 갈 수도 있고 밝음으로 흘러 갈 수 있는 마음을 우리가 어떻게 이끌어갈 것인가는 너무도 중요한 일이다.

필자가 생각하기에는 불교용어 가운데 불성(佛性)이라는 것은 "밖을 향해 죄업과 번뇌를 일으키는 버릇만을 지닌 것이 아닌 인연에 따라 내면을 향해 깨달음을 이룰 수도 있는 고정될 수 없는 마음 그 자체"라고 여겨진다. 우리가 번뇌를 소멸하고 해탈을 이룰 수 있는 희망도 알고 보면 이러한 고정화될 수 없는 마음 고유의 성질에서 찾을 수 있다고 본다. 하지만 오랜 세월 밖을 향한 욕망과 집착을 버리지 못하고 자신의 마음에 관해 한번도 관심을 기울여 보지 않는 중생들에게는 마음이 지닌 무한한 속성을 알 까닭이 없는 것이다. 그래서 마음이 제멋대로 흐르도록 방치하고 있다.

한 남자의 예 – 비수행인

여기 한 평범한 남자가 있다. 사십 고개가 갓넘은 그는 아내의 흔들어 깨우는 성화에 잠을 깼다. 어제밤 늦도록 직장 동료들과 술을 마시고 놀다가 들어와 잠들었던 것이다. 그는 겨우 일어나 지겨운 느낌으로 화장실에 들어가 소변을 본 다음 대충 면도를 한다. 그러다가 실수로 턱을 베었는데 그 이유는 어제밤 술을 마시면서 함께 행동한 한 동료의 언짢은 말을 기억하면서 주의를 게을리했고, 빨리 출근을 해야겠다는 급한 행동 때문이었다.

그는 더욱 김샌 기분으로 옷을 입고 밥상을 받았는데 밥맛이 없어서 말을 하지 않았지만 불만을 품었고, 그러면서도 그날의 뉴스가 궁금해서 식사와 신문 읽기를 함께 한다.

잠시 후 그는 구두를 신고 조급한 마음으로 허둥지둥 집을 빠져나와 전철을 탔고 전철에서는 앞자리에 앉은 미모의 아가씨의 늘씬한 다리에 마음을 빼앗겨 야릇한 기분을 맛본다. 그리고 그는 마침내 회사에 도착한다. 회사에는 그가 할 일이 산적해 있는데 윗사람과 아랫사람들을 계속 마주 보면서 보고하고 명령하고 설득하는 것으로 거의 모든 시간을 보낸다.

그 중에는 상사로부터 업무처리 결과에 따른 칭찬과 인정을 받아 즐거움도 느꼈지만 외국 지사에서 걸려온 전화 내용 때문에 큰 소리를 치기도 했다. 그러다 보면 어느덧 퇴근 시간이 찾아 오는데 어제 저녁에 늦게 귀가한 탓으로 그는 일찍 집으로 돌아온다.

그 뒤로는 저녁을 먹고 권투중계하는 장면의 TV를 보면서 좋아하는 선수의 승리를 기대했지만 결과가 좋지 않았다. 이때 함께 있던 아내가 아이가 공부를 제대로 하지 않아 속상해 죽겠다는 말에 그는 화가 나서 아이를 꾸짖었고 아이는 그 바람에 역시 마음이 울적해진다. 이래저래 언짢은 모습을 본 그는 담배를 피우게 되었고 잠시 뒤에 아내와 함께 사랑을 나누고 잠자리에 들고 이 생각 저 생각 공상을 피우다 잠이 든다.

이러한 예는 우리 주변에서 얼마든지 찾아볼 수 있는 삶의 유형중 한 모습이다. 이 예 속에 나타난 남자의 삶을 우리는 크게 잘못되었다고는 할 수 없다. 정도의 차이는 있을지 몰라도 거의 모든 사람의 삶의 방식은 이러한 테두리를 벗어나 있지 못한다.

보통사람들은 자신의 마음 속에서 일어나는 감정들에 관해서 근본적으로 해결해 보고자 하는 필요성 내지 당위성을 갖고 있지 못하다. 그저 순간순간을 그대로 흘려 보내면서 나름대로의 즐거움을 찾으려 할 뿐이다. 그 이유는 많은 사람들이 자신이 추구하기도 하고 혐오하기도 하는 행복과 불행의 요인이 밖으로부터 채워지고 비롯된다고 여기기 때문이다.

대부분의 사람들 마음은 온갖 대상을 향해서만 뻗쳐있고 내면을 향할 줄 모른다. 그러다 보니 얻어지는 기쁨의 전부는 순간순간 변하는 감각적이고 일시적인 것에 지나지 않는다. 그리고 그들은 단지 윤리적 삶이 가장 진실한 행위요, 선의 기준이라고 판단한다. 즉, 착하게 마음 쓰고 즐겁게 지내면 그것이 행복이라고 여기는 것이다.

이는 종교를 가진 많은 사람들에게서도 마찬가지이다. 마음관찰을 통한 번뇌의 소멸에 궁극적 자유와 기쁨이 있다고 믿지 않는 거의 모든 신도들은 신이나 부처님을 섬긴다고 하지만 실은 대상이나 지식에 의해서 형성된 관념을 섬기는데 불과하다. 마음관찰을 통한 번뇌의 소멸을 모르는 상태에서의 믿음은 그것이 아무리 성스럽고 견고하다 하더라도 근본적으로는 어리석음이라는 사실을 모르는 것이다. 이는 얼음으로 지은 집을 치장하는 행위이며 모래덩어리에 금가루를 발라 놓는 행위와도 같다.

성스러운 옷을 번뇌에 입힌다고 해서 그것이 결코 성스럽게 될 수는 없는 법인데 무지한 중생들은 그러한 사실을 깨닫지 못하고 있다. 물론 그 중에는 계율 엄수나 욕망 절제에 따른 마음 통제법을 실천하는 사람도 있겠지만 더욱 진보된 순일하고 끊임없는 마음관찰을 행하는 신도는 매우 드물다.

그러니 아무런 신앙도 갖지 않고 있는 평범한 사람들의 삶은 앞에서 예를 든 남자 이야기의 수준과 같을 수밖에 없는 것이다. 그렇다면 과연 마음의 흐름을 항상 관찰하여 번뇌를 소멸시키고자 하는 수행인의 생활방식은 어떠할까? 앞에서 예를 든 평범한 남자를 한번 수행인으로 만들어 설명해 보자.

수행인의 삶의 태도

마음을 항상 관찰하여 알아채는 수행을 통해 생활하는 한 남자가 있다. 그는 늘 거의 같은 시간이 되면 특별한 일이 없는 한 스스로 눈이 떠지는데 이는 오랫동안 익혀온 습관에 의해서이다. 그는 잠자리에서 잠을 깨면 다른 사람들처럼 갑자기 벌떡 일어난다든가 귀찮아 뒤척대지 않는다.

자신이 잠에서 깬 줄을 인식한 그는 천천히 자리에서 일어나는데 일어날 때의 행위를 되도록이면 놓치지 않고 지켜 본다. 그리고 이부자리를 정돈하고 화장실에 가는 데도 자신의 움직임에 대해서 주시하는 마음을 놓치지 않고 면도를 하고 세수를 하는데도 그 자체에만 집중하여 마음을 두려할 뿐 다른 곳으로 흘려 보내지 않으려 한다. 그러다 보니 면도칼에 턱이 베일 리 만무했고 기분이 언짢아질 이유가 없었다. 비록 어젯밤에 동료들과 술을 좀 하기는 했지만 술에 취하지 않도록 몇 잔만 주의해서 마셨고, 술취한 동료의 기분 나쁜 소리가 있었지만 그 자리에서 일어나는 감정을 잘 다스려 항복시켰다.

그는 방으로 들어와 이번에는 편안한 자세로 항상 해왔듯 바른 자세로 앉아 마음을 코끝에 집중하여 들숨 날숨을 아주 세밀하게 관찰한다. 그때 언뜻언뜻 이런 생각 저런 생각이 주마등처럼 스쳐가지만 한곳으로 모아지려는 마음의 힘에 의해서 사라지고 얼마간의 지극한 평화로움 속에 있다가 다음 일을 행한다.

그는 식사를 할 때에도 되도록이면 신문을 읽는다든가 TV를 보는 등의 두 가지 일을 섞어하지 않는다. 수행인은 가능한 한 한 순간에 한 가지의 일을 하는 것이 훨씬 더 바람직한 행위임을 잘 알고 있기 때문이다.

그는 집을 나와 전철을 타러 걸어 갈 때에도 걷는 자신의 행위에만 관심을 돌린다. 쓸데없이 두리번거린다거나 주변에서 일어나는 일에 마음을 빼앗기지 않는다. 이렇게 걸음을 걸을 때에도 걷는 행위에만 마음을 씀으로 해서 지극한 현재의 상태를 유지하는 것이다. 사정이 급하면 급한 대로, 여유가 있으면 여유가 있는 대로 발걸음의 속도는 빨라지거나 느려지겠지만 그 현상을 관찰하는 마음은 걸음걸이의 속도를 따라 요동하지 않는다. 그리고 그가 전철을 탔을 때 옆의 승객이 실수로 발을 밟아 순간적으로 불쾌한 감정이 일어났지만 이내 자신의 마음을 관찰하여 감정을 소멸시킴으로써 자신을 지킬 수 있었다.

그는 자리에 앉게 되자 아침에 일어나서 행한 것처럼 콧속에 마음을 집중시켜 들고 나는 미세한 호흡의 현상을 살폈다. 그것은 무덤덤하게 앉아 있는 시간을 수행으로 삼기 위한 것이었다. 혹 앞에 앉아 있는 미모의 아가씨의 늘씬한 다리에 마음을 잠시 빼앗겼지만 감각적 욕망에 의한 기쁨 역시도 번뇌요 고통이라는 사실을 믿고 있기 때문에 뻗어가려는 욕구와 상념을 물리치고 본래의 마음 상태로 돌아온다.

회사에 도착하여 업무를 처리함에 있어서도 그는 남의 일에 끼어든다든가 참견하려 들지 않는다. 남의 일을 도와 주더라도 자신의 마음이 끄달리지 않을 정도의 일만 감당한다. 상사로부터 칭찬을 듣거나 비난을 받더라도 그 마음을 잘 다스려 유쾌함과 불쾌함이 일어나지 않도록 예리하게 알아채어 소멸시키고 남들이 자신의 이러한 태도에 대해서 무엇이라고 평판을 하든 개의치 않는다.

회사 속에서의 이러한 그의 모습은 늘 고요하고 매우 침착하여 그때그때 닥쳐진 일에 최선을 다하는 사람으로 윗사람과 아랫사람의 인정을 받는다. 자신의 능력만큼 모든 일에 최선을 다할 뿐이므로 억울한 일이 생긴다거나 남의 욕을 먹거나 경쟁자가 되지 않는다. 그의 행위는 퇴근을 하여 집에 돌아와서도 마찬가지이다. 가정에서 책을 읽는다거나 TV를 보더라도 오욕칠정을 과도하게 일으키게 하는 내용을 삼가하려 한다. 감정의 발동은 번뇌의 세력을 더욱 키워주기 때문이다.

특히 사람의 마음이 어떠한 감정들, 예컨대 기쁨·슬픔·욕심·성냄·두려움·의심 따위를 일으키게 되면 그 양에 관계없이 육신을 구성하고 있는 모든 세포들도 동시에 긴장하는데 직접적으로 수행을 앉아서 하다 보면 이러한 것들이 얼마만큼 깨달음을 방해하고 있는가를 알 수 있다.

그러다 보니 그 역시도 서로 치고 받고 이기고 지는 복싱 경기 같은 과격한 스포츠에 마음이 가지 않는 것이다. 아이에 관한 공부 문제도 그는 마찬가지이다. 자기의 아내로부터 아이에 대한 걱정을 들었어도 자신의 감정을 가지고 아이를 나무라지 않는다. 사정상 아이에게 큰소리를 지르고 야단을 친다 할지라도 그는 마음의 현상을 놓치지 않고 말하고 야단치기 때문에 아이로 하여금 훨씬 더 설득력 있게 자신의 뜻을 전달하게 된다. 그렇기 때문에 그는 화를 풀기 위한 담배 따위는 피우는 법이 없고, 아내와 함께 잠자리에 들어 사랑을 나누더라도 과격한 욕망에 의한 행동이 아닌 아주 은밀하고 정밀한 마음이 되어 행복해진다.

궁극적 해탈의 큰 행복

뿐만 아니라 그는 잠들기 전에도 수행을 하는데 잠이 오지 않으면 않는 대로 오면 오는 대로 망상을 피우면서 뒤척이거나 짜증내지 않고 그대로 누워서 눈을 감고 역시 코밑에 마음을 집중시켜 호흡의 들고 남을 관찰한다.

이상과 같이 우리는 평범한 한 남자를 등장시켜 비수행인과 수행인의 삶의 태도를 살펴보았다. 겉으로는 똑같은 상황을 맞이하며 사는 것 같았던 두 모습은 마음관찰이라는 수행에 의해서 완전히 다른 세계를 나타낸다. 하나는 대상에 빼앗기고 빨려들어가는 자기 상실적 삶이고, 다른 하나는 대상에 움직이지 않고 순간순간 깨어 있는 주체적 삶이다.

항상 말하지만 수행이란 마음이 '과거와 미래의 저곳'에 있는 생활이 아닌 '지금 여기'의 삶을 철저하게 인식하는 생활이다. 부처님께서는 중생의 마음을 원숭이에 비유하신 적이 있다.

원숭이는 한시도 가만히 있지를 못한다. 우리가 원숭이처럼 우스꽝스럽고 번거로운 방황의 삶을 멈추기 위해서는 그 생활이 늘 집중되어 있고 깨어 있어야 한다. 그러한 생활은 궁극적으로 해탈이라는 크나큰 행복을 언젠가는 가져다 주기 때문이다.

한 마음 쉬면

몸뚱이를 온갖 인연사가 들끓는 세속에다 부려놓고 불법의 청정을 성취하기란 그야말로 나막신을 신고 백 길이 넘는 대추나무에 참기름을 바르면서 오르기보다 힘들다. 불교가 그저 여느 종교들처럼 믿음이나 강조하고 선행이나 권장하는 차원에서 그치는 것이 아닌, 자기 비춤을 통한 예리한 지혜를 무엇보다도 먼저 강조하다 보니 그 길을 가고자 하는 수행인들에게는 많은 어려움과 노력이 따른다.

왜냐하면 불교에서의 지혜란 무조건 믿고 기도나 한다고 해서 얻어지는 것이 아닌 절연이속(絶緣離俗), 즉 마음 속에 얽혀 있는 일체의 인연사를 모두 끊고 세속의 한량 없는 유혹과 욕망을 완전히 떠나려는 용단력에서 이루어질 수 있는 것이기 때문이다.

큰 스님의 절연이속

불교는 모든 중생에 대한 절대적인 자비를 일으킬 것을 요구하면서도 한편으로는 얼음보다도 찬 냉엄성을 지닐 것을 강조한다. 과거 석가모니 부처님을 비롯해서 지금까지의 수많은 선각자며 구도자들이 시도했던 출가가 바로 그것이기도 하다. 불교의 이러한 양면성, 다시 말해 인연 닿은 모든 중생을 소홀함이 없이 보살피고 사랑해서 제도해야 되는 불법의 세계와, 모든 인연을 비로소 쉬고 번뇌를 끊어야만 완성되는 불법의 세계 사이에서 수행인은 늘 고뇌와 방황을 거듭한다.

그중에서도 절연이속의 길은 세속의 윤리와 가치에 묶여 살아가고 있는 사람들의 입장에 서고 보면 반천륜적 행위요, 비윤리적 처사로 비쳐질 수 있다.

현대 한국불교의 가장 큰 별로 추앙받고 있는 성철 큰스님의 저서 『자기를 바로 봅시다』라는 책에는 수행자가 절연이속하지 않으면 안 되는 이유를 강도 높게 설파하고 있다. 특히 당나라 때의 고승 황벽희운 선사의 예를 들어 말씀하시는데는 범상한 이들의 간담이 서늘해질 만큼이나 단호하다. 그 말씀을 요약하면 다음과 같다.

세속은 윤회의 길이요, 출가는 해탈의 길이니, 해탈을 위하여 세속을 당연히 끊어 버려야 한다. 부모의 깊은 은혜는 출가 수도로써 보답한다. 만약 부모의 은혜에 마음이 이끌리게 되면 이는 부모를 지옥으로 인도하는 것이니 부모를 길에서 만난 행인처럼 대해야 한다. 황벽 희운 선사가 수천 명의 대중을 거느리고 황벽산에서 주석하였다. 그때 황벽 희운 선사의 노모가 의지할 곳이 없어서 아들을 찾아 갔다. 그때 희운 선사는 대중들에게

자신의 노모에게 물 한 모금도 주지 말 것을 명령하고 쳐다보지도 않은 채
절 밖으로 내쫓았다.

　노모는 너무나 큰 충격을 받아 고향으로 돌아가던 중 허기가 져서 대의
강(大義工)가에서 엎어져 죽었다. 그런데 그날 밤 희운 선사의 꿈에 노모가
나타났다. 노모는 현몽하기를 "내가 너에게 물 한 모금이라도 얻어 먹었던
들 다생으로부터 내려오던 모자의 정을 끊지 못하고 지옥에 떨어졌을 것
이다. 그러나 내가 너에게 쫓겨나올 때 모자의 깊은 정이 다 끊어져 그 공
덕으로 죽어 천상으로 가게 되었으니 너의 은혜가 말할 수 없다"고 말하며
절하고 갔다 한다. 이는 수도인의 만세 모범이다. 그러므로 한때의 환몽인
부모 처자와 부귀 영화 등 일체를 희생하여야 한다……

　참으로 고독한 사람이 되지 않고서는 무상대도는 성취하지 못한다. 그러
니 일반인과는 삼팔선을 그어 놓고 살아야 한다. 삼팔선을 터놓고 일반인
과 더불어 타협할 때 벌써 엄벙덤벙 허송세월하다가 아주 죽어 버리는 때
를 각오해야 한다.

어지간한 믿음과 웬만한 각오를 지닌 사람은 도 깨닫기 어렵겠구나 하는
자괴감이 앞설 정도의 이 말씀은 너무도 서슬이 퍼래 출가하지 못한 속인 불
자들의 마음을 졸이게 한다. 부모도 처자식도 두지 말아야만 되는 불법의 냉
혹성 앞에 우리는 어떻게 해야 할까.

　출가한 스님들이야 일단 곁에 주렁주렁 매달린 인연들을 떼어냈으니 오직

자신의 마음 하나 수습하는 일만 하면 되지만, 부모와 처자를 버리지 못하고 세속에 주저앉아 먹고 살 일에 매달려야만 되는 근기와 용기밖에 갖지 못한 신도들에 있어서 갈등의 폭은 더욱 크다. 태어난 외아들을 보고 라훌라[장애물]라고 외치고 떠난 석가모니 부처님의 출가와, 어여쁜 외동딸을 보고 불필〔필요 없는 존재〕이라고 이름 지은 성철 큰스님의 절속(絶俗)은 능히 뭇 중생들의 조소와 비난거리일 수도 있고 동경과 감탄거리일 수도 있다.

왜 그러한가. 모든 인간의 내면 속에는 이상하게도 세상의 인연사에 파묻혀 오욕락을 누리고 싶어하는 욕망이 있으면서 동시에 세상의 인연사를 벗어나 오욕락이 없는 깨끗한 자유를 맛보고 싶어하는 심정이 있기 때문이다. 필자 역시도 이러한 틈바구니 속에서 지금껏 온전히 벗어나 있지 못하고 있는 사람 중에 하나이다.

출가 못한 핑계로 유마 거사님의 삶을 본받겠다고 유마선원이라 이름 붙여놓고 부처님을 모시고 포교한다면서 살아가지만 마음은 항상 죽끓고 밥끓는다고 고백하지 않을 수 없다.

절연이속 해야 하는 이유

완전히 절연이속하지 못한 상태에서의 부처님 일이란 사실 남들은 몰라도 괴로움이 따르게 마련이다. 때로는 번민하고 타협하면서 하루하루를 지내는 자신의 '마음 돌아감'을 보면서 한숨을 짓기도 하고 화를 내기도 하지만 권속과 더불어 있으나 홀로 있음과 같고, 가정을 가지고 있으나 범행을 지킨다는 유마 거사님의 경지는 따라가기 어렵다.

　이 점은 아마 여러 불자들도 마찬가지일 것이다. 버린 것이 그대로 공덕이라는 부처님의 말씀에 비추어 어떤 사람이 만약 "당신은 무엇을 버렸는가?"라고 묻는다면 자신 있게 대답할 수 있는 것이 무엇일까. 돈·성욕·명예·부모·처자·몸, 과연 무엇을 완전하게 버렸다고 말할 수 있을 것인가?

　돌아보면 돌아볼수록 부처님께 죄송할 뿐이다. 불법은 청정한 법이요, 얽매임이 없는 법은 청정하고 얽매임이 없는 마음 자리로부터 나온다. 자신의 마음을 온갖 인연들이 그물처럼 얽매고 있는데 어찌 불법을 안다고 할 수 있겠느냐 하는 말이다. 알량하게 경전 구절을 이해했다고 불법을 아는 것이 아니고 얽어매고 있는 인연사를 잘되고 못되고 하는 마음으로 헤아려 공덕을 이루는 것이 결코 아닌 것이다.

　온갖 인연의 마음이 허공 같은 부처님의 세계를 구름처럼 꽉 막고 있는 상태에서의 기도와 염불과 참회는 실제로의 진실한 공덕을 창조해 내지 못한다. 마음 가운데 돈 끌어 안고 있고, 남편 처자식 끌어 안고 있고, 친구 끌어 안고 있고, 오락 잡기 그대로 끌어 안고 있으면서 불법을 성취한다는 것은 정말 가당치 않은 일이다. 허깨비 같은 인연의 애착이 마음을 장악하고 있는데 어디서 해탈의 지혜가 솟아날 수 있겠느냐 말이다. 설혹 개중에 참선좀 하고 정진좀 해서 어떤 경지를 얻었다손 치더라도 그것은 모두 가무심(假無心)이며 가무아(假無我)이며 가각(假覺)으로 자가당착만 더할 뿐이다.

　자기것 하나도 안 버리고 무아를 체득하겠다는 것이 어디 될 말인가? 먹고 싶은 것 다 먹고 입고 싶은 것 다 입고 참견하고 싶은 것 모두 참견하면서는 절대로 도를 깨달을 수 없다는 것이 절연이속해야 되는 이유인 것이다. 그렇다면 출가하지 못한 속인 불자들은 스님들보다도 더욱 큰 신심과 결단력, 그리고 대원력을 발해야 된다는 결론에 이르른다. 세속인연과의 인연을 몸과 마음으로 동시에 무우 자르 듯하고 산으로 올라가 옆눈도 힐끗 하지 않는 성철 큰스님의 절연이속은 아니더라도 마음 하나만은 큰 결심을 가지고 살아야 한다.

마음 안의 한바탕 살림살이

불교의 근본 뜻도 몸을 중심으로 한 외형적 절연이속이 아니라, 마음을 중심으로 한 내면적 절연이속에 있는 것이다.

그러므로 세속인은 세속인 나름대로의 구도력과 함께 수행의 길을 찾아야만 한다. 그리고 그러기 위해서는 먼저 진실에 대한 강력한 추구력을 가져야 한다. 부처님도 항상 말씀하셨듯 인연에 의해서 지어진 일체의 현상세계는 진실한 것이 없이 흐르고 변하고 사라진다. 모든 것은 순간이며 거짓된 것이다. 삶도 죽음도 모두 꿈이며 사랑도 미움도 모두 허상이다. 그야말로 일체유위법은 여몽환포영(如夢幻泡影)이다. 오로지 진실이 있고 불변의 세계가 있다면 이러한 사실을 깨달은 그 마음자리뿐이라는 것이다.

허상을 허상으로 안 그 마음만이 진실이요 영원이므로 진실을 추구한다는 말은, 표현을 달리하여 세상이 모든 것을 실재가 아니라고 굳게 믿는다는 말이기도 하다. 아닌 것을 아니라고 분명히 본 그것이 진실인 것처럼 범소유상이 개시허망인 줄 바로 안 그 자체의 마음이 부처를 본 것이라면 불교에서 말하는 진실이 무엇인 줄 분명히 알 것이다.

이렇게 진실을 추구하는 마음이란 이 세상을 하나의 꿈으로 굳게 믿고 여기는 마음으로 이 기준을 놓쳐서는 절대 안 된다. 불법 수행은 이 대명제로부터 출발한다. 그 다음은 이렇게 허깨비 같은 모든 인연사가 자신의 마음 안에서 파생되고 있다고 굳게 믿어야 한다는 사실이다.

일반 세속의 입장에서 볼 경우 자기라는 것을 거대한 우주의 법칙에서 나타난 하나의 미미한 개체적 존재라고 여긴다. 바로 우주의 품속에 자기가 들어 있다고 보는 것이다. 그러나 이러한 관점은 불교에서 볼 때 매우 잘못된 것이다. 불교에서는 우주의 흐름과 그에 따른 법칙들이 인간을 지배하고 있다고 말하지 않는다. 그럼에도 불구하고 대부분의 불자들은 이 점을 잘못 이해하여 세상의 온갖 인연이 나를 끌고 가면서 갖가지 과보를 받게 한다고 여기는데 이것은 외도들의 인연론이지 불교의 인연론이 아니다. 불교에서의 온갖 인연사는 어리석은 중생들의 마음에서 나타난 그림자이지 제 마음 밖의 고정화된 법칙들이 아닌 것이다.

그러니까 온갖 우주와 크고 작고 밉고 곱고한 인연사가 제 마음 속에서 만들고 일으키고 좇아가고 도망가고 없어지는 것일 뿐 마음 밖의 사건들이 아니라는 말이다. 다시 말해서 나 밖의 인연사가 나를 조정하는 것이 아니고 내 속에서 인연사가 벌어지고 있다는 뜻이다. 이것을 모르니까 어리석은 범부나 외도들은 인과응보나 길흉화복을 우주적 법칙이라고 대상화시켜 보고 좇아가고 도망가려 한다. 그러나 부처님이나 정법을 닦는 수행자들은 그러한 것들이 다만 마음에서 지어낸 그림자라고 투철히 관조하므로 여여할 수 있는 것이다.

진정한 자비

자신이 바라본 우주가 아무리 넓고 인연사가 아무리 복잡하다 해도 그리고 그 인연사에 따라 자신의 삶이 아무리 다양하게 변화한다 할지라도 그것은 전부 자기 마음 안의 한바탕 살림살이라고 믿지 않으면 안 된다.

이 얼마나 주체적인 말씀인가? 인연 따라 사는 것이 중생이 아니라 중생 따라 인연이 벌어지고 있다고 하는 뜻으로서의 불교 인연론은 종국에는 중생의 삶의 정체까지도 밝혀줄 뿐만 아니라 온갖 고통으로부터도 벗어나게 하는 것이다. 수많은 인연사가 나를 에워싸고 있기를 마치 거대한 파도가 배를 끌고 가는 것과 같다고 여기는 것은 꿈을 깨지 못한 어리석은 범부의 경계이지 성인의 경계가 아니라면 수행하는 불자는 모름지기 여태까지 바라보고 있던 삶의 관점을 송두리째 바꾸어야 할 것이다.

그리고 이렇게 바뀌어진 근원적 삶의 관점에 따라 현실을 버리지 아니한 상태에서 내적인 수행을 지속한다. 즉 몸으로는 세속 인연들을 거두고 보살피고 함께 하되 정혜(定慧)를 기르는 수행을 게을리 해서는 안 된다는 것이다. 누구든지 일체의 인연사를 마음 밖으로 돌리지 않는다면, 그리고 확실한 믿음과 더불어 자신의 마음 움직임을 투철히 관찰하면, 여태까지 끌고 왔던 삶의 과정들의 정체를 파악하게 되고 그 본질을 깨닫게 될 뿐만 아니라, 그로부터 자유로워질 수 있다.

이것이야말로 인연을 버리지 아니하고서도 인연을 끊는 것이며 세속 일을 하면서도 세속에 물들지 않는 일이라고 할 수 있다. 더욱이 알아야 할 일은 마음의 절연이속이 오히려 모든 이들에게 크나큰 공덕과 행복을 준다는 사실이다. 그 까닭은 한 바퀴 돌아서 나온 절연이속의 마음에는 보통 사람이 갖추지 못한 크나큰 사랑이 있기 때문으로 마치 차디찬 얼음구멍 속에서 따뜻한 물길이 솟는 것과도 같은 것이다.

절연이속의 완성

진정한 자비는 절연이속에서만 나온다. 용맹심을 가지고 되도록이면 많은 시간을 자신의 마음관찰에 힘을 쏟다 보면 온갖 법계 안의 인연줄이 '투둑' 하고 끊어지는 경계를 필히 만나게 되는데 이렇게 되면 그동안 얽혀 있다고 여겼던 한량없는 인연의 돌아감이 진실은 돌아감이 아니고 이어짐이 아닌 것을 알게 된다. 그저 낱낱의 인연들을 '나'라고 하는 집착의 실로 꿰어놓고 세세생생 동안을 착각하고 살아왔던 것이다. 수행하는 사람은 모름지기 쾌락을 되도록 멀리하고 과도한 책임을 맡는다거나 일을 벌이지 말아야 한다. 왜냐하면 빠져들기 때문이다.

우리 불자들은 항상 독송하는 『천수경』 끝머리에 나오는 사홍서원 중에 자성중생서원도(自性衆生誓願度), 자성번뇌서원단(自性煩惱誓願斷), 자성법문서원학(自性法門誓願學), 자성불도서원성(自性佛道誓願成)이라는 귀절을 자주자주 상기할 필요가 있다. 왜 자성 가운데의 중생이요, 번뇌요, 법문이요, 불도라 했는가를 말이다. 그것은 바로 제 성품, 제 마음을 떠나서는 아무것도 실재하는 것이 아니기 때문이다.

마음 속에 들어 있는 일체의 중생들이 본래부터 허깨비와 같은 공한 것임을 바로 안 것이 중생을 제도한 것이며, 마음 속에서 일고 꺼지는 한 생각 한 생각들이 본래부터 허깨비와 같은 공한 것임을 바로 안 것이 번뇌를 끊은 것이며, 마음 속에 꽉 차 있는 일체의 인연사가 본래부터 허깨비와 같은 공한 것임을 바로 안 것이 법문을 배운 것이며, 마음 속에 들어 있는 모든 것이 본래부터 허깨비와 같아 중생도 없고 번뇌도 없고 인연사도 없어 환하게 영원히 밝아 있는 부처뿐이라는 사실을 바로 안 일이 불도를 이룬 것이다.

사홍서원도 결국은 절연이속의 완성이라고 할 수 있는 것이다. 우리 불자들은 용맹심을 발하여 정진에 더욱 힘써야 할 것이다.

재가불자의 참다운 안거

안거란

출가한 스님들이 음력 사월 보름부터 칠월 보름까지의 3개월 동안과 시월 보름부터 이듬해 정월 보름까지의 3개월 동안은 일체의 외출을 금하고 수행에만 전념하는데 이러한 제도를 안거(安居)라고 한다. 왓싸(vassa)라고 불리던 이 안거는 부처님 당시에 6군(群) 비구(못된 짓을 많이 했던 여섯 비구)들이 여름철 폭풍우가 치는 날에 몰려다니면서 나무를 꺾고 살생을 하는 등의 불량한 짓을 했기 때문에 정하여졌다고 한다.

남방불교에서는 여름 안거만 행하는데 스님들이 수행한 연륜을 따질 때에는 이 안거를 몇 번이나 보냈는지를 기준으로 판단하며 이를 법랍(法臘)으로 친다. 그런데 요즈음 들어 이러한 출가 스님들만의 전통이었던 안거에 재가불자들의 동참이 늘고 있다는 소식이다. 그중에는 아예 세속의 모든 살림살이와 인연을 쉬고 스님들이 기거하는 사찰이나 참선 도량으로 들어가 생활하기도 하고 아침 저녁 출퇴근하듯 수행처를 찾아 정진에 몰두하기도 한다. 뿐만 아니라 재가 불자들만이 정진할 수 있는 선방이나 수행처를 따로 마련하여 자기들끼리 생활하며 안거를 행하는 곳도 있다.

　견성오도(見性悟道)와 생사해탈(生死解脫)에는 승속이 따로 있을 수 없는 일이고 보면 전혀 이상할 것이 없다. 출가 수행인은 못 되었을 지언정 이러한 계기라도 만들어 번뇌와 윤회를 여의고 불생멸의 진여자성을 철견해 보겠다는 대신심의 발로가 아니겠는가. 복잡하고 끈끈한 세속의 생활을 일단 접어두고 안거에 동참했다는 그 신심과 결단성 하나만으로도 칭찬받아 마땅하다.

중도(中道)의 삶이라야

　그러나 한편으로는 이에 못지 않은 우려와 부작용도 생각해 보아야 한다. 왜냐하면 재가 신도는 재가 신도의 위치에서 수행의 방편과 길을 찾아야 바람직한 것인데 가정과 생활의 터전을 떠나 짧지 않은 기간을 출가 스님처럼 생활한다는 것은 여러 가지 역효과를 낳게 될 수도 있기 때문이다. 사실 대승의 가르침은 거의가 세속에 그 바탕을 두고 수행할 것을 요구하고 있다.

　부처님께서는 『유마경』에서 "만약 정도를 구하는 사람이 중생의 현실을 떠나서 얻으려 한다면 허공에다 집을 지으려는 자와 같다"고 하셨고 "중생의 국토가 보살의 국토니라"하셨다. 깨달음은 꼭 깊은 산속이나 인적 끊긴 암자에서만 가능한 것이 아니다. 세간의 순경(順境)과 역경(逆境)을 돌려 지혜를 이루라는 것이 『원각경』의 "번뇌즉보리(煩惱卽菩提)"의 뜻이며 뭇중생의 삶 속에 부처의 광명이 있다는 것이 『화엄경』의 "사바즉적광토(娑婆卽寂光土)"이다. 즉, 세속의 인연을 끊고 진리를 보는 것이 아니라 세속의 인연과 삶의 과정을 통해 진리를 보라는 말씀들이다.

우리가 자칫 안거라는 방식에만 치우치다 보면 재가불자로서의 세속에 대한 역할을 등지게 되어 가족이나 주변 사람들의 원망을 듣고 갈등을 불러오게 할 수도 있다. 보살의 삶은 중도적 삶이다. 세속에 있되 깨달음을 추구하고 깨달음을 추구하되 세속을 버리지 않는다. 이것이 세속에도 깨달음에도 안주하지 않는 중도 묘행(中道妙行)의 생활이다.

좌선 수행만이 으뜸이라는 고정관념

다음은 앉는 수행, 즉 좌선 중심의 수행만이 으뜸이라는 고정관념이 문제라는 점이다. 우리 중생들의 마음은 마치 원숭이와도 같아서 잠시도 가만히 있지를 못하고 쉴사이 없이 움직인다. 불도는 반드시 선정삼매(禪定三昧)를 통하여 깨달을 수 있는데 바깥 경계를 좇아 몸을 움직인다면 산란심이 쉴래야 쉴 수가 없다. 그러다 보니 조용한 장소를 택하여 앉아서 몸을 쉬고 감각기관을 막아 마음의 집중을 통해 깨달음을 얻으려는 것이다.

그러나 여기서 짚고 넘어가야 될 부분이 있다. 바로 『유마경』에서 유마 거사가 지적한 "앉아 있다고 해서 수행이 아니다. 세상에 있으면서도 몸과 마음이 움직이지 않는 것이 좌선이다"라고 한 부분과 『금강경』의 "여래(깨달음)를 앉는다거나 선다거나 간다거나 온다거나 눕는다거나 하는 것에 고정화시켜 구하는 자는 여래를 비방하는 자(등지는 자)"라고 한 부분이다.

안거에 들어가 절이나 선방에서 앉아 수행할 때는 일체의 산란심이 사라져 선정의 깊은 맛을 느끼다가 세속에 돌아와 순역 경계를 만나게 되면 다시 사랑과 미움을 일으켜 뇌란해진다면 그 수행은 참된 수행이었다고 할 수 없다. 마치 컵 속의 흙탕물을 가만히 놔두게 되면 흙이 가라앉아 맑은 물이 되었다가 다시 컵을 들고 돌아 다니면 그 흙이 일어나 다시 물을 흐려 놓는 것처럼 좌선에만 의지해서 고요해진 마음의 기쁨에 길들여지다 보면 어느덧 그 방법에 집착이 생겨 세속의 생활과 수행 사이에 불협화음이 야기된다. 이것은 번뇌를 녹이는 수행이 아니라 번뇌를 일시적으로 가라앉히는 수행이 되므로 진실한 선정이라 할 수 없다.

우리 주변에는 고승이라는 고승은 다 친견하고 수행처라는 수행처는 모두 찾아다니면서 앉아서 수행하기를 웬만한 수좌 스님 뺨칠 정도로 하면서도 막상 세간의 경계를 만나면 중생심은 그대로라, 밉고 곱고 논하면서 늘상 자기를 세우고 갖은 분별 다 하는 사람들을 볼 수 있다. 그러므로 안거 수행과 좌선 수행이 불자 자신의 수행력을 증장시키고 마음을 밝히려는데 큰 계기가 되겠지만 그 이전에 세속의 생활과 더불어 할 수 있는 수행의 방편을 터득하고 중생 속에서 공덕을 쌓아 보살도를 실천하는 길이 더욱 값질 수 있다.

꼭 스승을 찾아 지도받아야

마지막으로 수행을 지도하고 이끌어 주는 스승도 없이 재가불자들끼리 안거를 한다는 것은 자칫 위험을 초래할 수도 있게 된다는 점이다. 수행을 하다 보면 육체적으로나 정신적으로 평소에 경험하지 못했던 여러 가지 현상과 징조들을 겪게 된다고 한다. 몸이 흔들리기도 하고 공중으로 뜨는 것 같기도 하며 열이 오르고 상기(上氣)가 되기도 한다. 또한 환청이나 환상이 떠오르고 여러 가지 신비한 현상들이 마음 가운데서 생기기 때문에 자칫 잘못하면 외도(外道) 경계나 마도(魔道) 경계에 빠질 수도 있다.

『능엄경』에서는 수행에 들어가는 데는 50가지 종류의 갖가지 경계가 나타난다고 주의를 주셨다. 수행자가 이러한 현상들을 만났을 때 그것들을 바로 지도해 주고 깨우쳐 주는 스승이 있어야 하는데 수행 체험이 없는 신도들끼리 무턱대고 안거를 했다가는 간혹 몸과 마음에 병을 가져올 수도 있고 엉뚱한 신비감에 사로잡혀 잘못된 경계로 흘러갈 수도 있다. 그래서 옛부터 수행은 반드시 눈밝은 스승을 모시고 탁마를 받게 되어 있는데 요즈음에는 선지식 만나 뵙기가 어려운 때라 마음공부 하고 싶은 사람에게는 참으로 아쉽고 안타까운 노릇이다. 비록 그렇다 하나 되도록이면 꼭 선지식을 찾아 안거에 들고 가르침을 받아야 한다.

제4장
바른 앎, 바른 삶

윤회의 바른 이해

사람들에게 당신은 세상에서 무엇이 제일 두려운가라고 묻는다면 아마 대다수는 '죽음'이라고 대답할 것이다. 또 '세상에서 제일 궁금한 것은 무엇인가' 묻는다면 역시 많은 사람들이 '죽은 후의 세계'라 대답할 것이다.

생각해 보면 세상에서 가장 흔한 사건이 죽음이다. 죽음은 도처에 있다. 죽음은 남녀 노소, 빈부 귀천을 막론하고 잡아가며 시간과 공간을 가리지 않는다. 죽음 앞에서는 어떠한 타협도 있을 수 없다. 모든 생명은 죽음 앞에서 평등한 것이다. 누구나 꼭 한 번은 당해야 될 죽음, 그러나 아무도 그 이후의 세계는 모른다. 다만 살아 있는 자들 나름대로의 견해와 부여된 가치만이 거기 있을 뿐이다.

죽음을 대하는 세 입장

사람들은 예로부터 사후 문제에 대해 다음과 같은 세 가지 견해를 가져왔다. 사후에는 아무것도 존재하지 않는다는 단멸론적(斷滅論的) 견해, 천국과 지옥이 있을 것이라는 기독교적(基督敎的) 견해, 태어남과 죽음은 계속 되풀이하는 것이라는 윤회론적(輪廻論的) 견해가 그것이다.

단멸론적 견해는 무신론자와 무종교자들이 취하는 자세이다. 이들은 인간이 지닌 육체와 정신을 일회성으로 보고 있다. 죽음과 함께 몸이 해체되고 나면 그가 썼던 정신도 함께 사라져 아무것도 남는 것이 없다고 여긴다. 영혼 따위는 존재할 리 없고 내세 또한 있을 수 없다는 주장이다. 오직 현세만을 인정할 뿐이다. 그러다 보니 이들이 생각하는 윤리와 도덕도 극히 현세적인 것에 국한된다.

이러한 사고는 자칫 극단적 이기주의나 쾌락주의로 빠지기 쉽다. 부처님 당시의 순세파(順世派:즐겁게 지내보자는 사상가)였던 아지타 케사캄바라(Ajita keaskambala)와 독단적 윤리회의파(獨斷的 倫理懷疑派)였던 푸르나 카사파(Purana kassapa)가 그 좋은 예이다.

아지타 케사캄바라는 극단적 유물론자였는데 주장하기를, "사람의 일생은 땅과 물과 불과 바람의 네 요소가 모이기도 하고 흩어지기도 하는 것뿐이다. 영적인 것은 물질의 결합에서 생긴 것이기 때문에 몸이 흩어지고 나면 아울러 없어진다. 때문에 죽기 전에 잘 먹고 잘 놀아야 한다. 인생의 목적은 본래부터 없는 것이고 교육·종교·도덕 따위는 부질 없는 놀음이다"라고 했다.

그리고 푸르나 카사파는 "선과 악은 사회적 관습에 의한 임시적이며 일시적인 것이다. 현세에서의 인과응보도 있을 수 없고 내세도 있을 수 없다. 설혹 인간이나 생명을 토막토막 잘라 죽이며 괴롭히고, 강도·간통·허언을 하여도 악이 될 수 없으며 기도·교육·제사·베풂·참말만을 하여도 선이 될

200

수 없다"라고 했다.

어찌보면 이러한 주장은 단순한 것 같으면서도 이상한 매력과 설득력을 가지게 된다. 만약 모든 사람들이 이같은 생각을 가지고 행동한다면 세상은 과연 어떻게 될까. 어쩌면 지금의 인류는 이곳을 향해 가고 있을지도 모른다.

두번째로 기독교적 견해를 보자. 기독교에서는 인간을 신(神)이 만든 피조물로 본다. 때문에 인간은 신의 뜻에 무조건 복종해야 되고 따라야 한다. 만약 인간이 신을 부정하거나 거역하면 무서운 대가를 치뤄야 한다. 신은 자신을 믿고 복종하는 인간을 위해 천국을 만들었고 자신을 부정하고 거역하는 인간을 벌 주기 위해 지옥을 마련했다.

기독교에서는 영혼을 중요시한다. 이 영혼은 불멸의 존재로 살아 생전에 육신과 함께 활동하다가 육신이 사라진 후에는 신 앞에 불려나와 심판을 받게 된다. 모든 인간은 사후에 신이 만든 심판대 앞에 무릎 꿇고 앉아 신의 판결을 달게 받아야 하는 것이다.

다행히 한 평생 신을 섬기고 믿었던 영혼은 하늘나라에 태어나 온갖 즐거움을 누리며 영생을 누리겠지만 어리석고 우둔한 죄인은 신을 믿지 않았던 까닭에 유황불이 타오르는 지옥으로 내동댕이쳐져 영원히 고통을 면치 못하게 된다. 누구에게도 하소연할 수 없고 변호받을 수도 없는 신의 재판, 한 번 판결 내리면 영원히 빠져나올 수 없는 곳, 천당이건 지옥이건 한 번 태어나면 돌아올 수 없는 기독교의 내세, 천당의 즐거움도 지옥의 고통도 자신의 뜻대로 할 수 없는 완전한 간섭의 세계, 게다가 빠져나오지 못하기는 천당이나 지옥이나 마찬가지이다.

신은 자신이 그토록 사랑하는 자식인 인간들에게 인간들도 할 수 없는 지독하고도 잔인한 지옥을 만들었다. 그리고 원하지도 않은 인간을 창조해 놓고 자신을 믿지 않았다는 한 가지 죄 때문에 빛도 물도 없는, 이가 갈리도록 고통스러운 지옥 속에서 인간의 불쌍한 영혼은 기약도 없이 영원히 지내야 된다. 그러므로 인간이 이 세상에서 오직 할 수 있는 일은 신에게 잘 보이는 일이다. 신을 기쁘게 하는 일이다. 그래야 그 무서운 지옥의 고통을 면할 수 있고, 구원받은 영혼으로 천국에서 살 수 있으니까 말이다.

세번째 윤회론적 견해는 우리 불교와 인도철학에서 주장하는 핵심 사상이다.

윤회라는 말은 본래 범어 상사라(saṃsāra)에서 비롯되었다. '상사라' 란 '방황하다' '헤매다' 라는 뜻을 가진 용어인데, 불교에서는 보통 '나고 죽음을 끊임없이 반복함' 이라고 해석한다.

윤회설은 사실 불교가 생기기 이전부터 있었던 인도의 사상이다. 인도인들은 우주와 인생을 끊임없이 순환하는 존재로 보았다. 즉 시작도 없는 무한한 과거로부터 우주는 생성소멸을 반복해 왔고, 인간은 생로병사를 되풀이해 왔는데 앞으로도 이같은 과정은 무한히 계속된다는 것이다.

이러한 세계관과 인생관은 불교에 전승되어 불교의 핵심 사상으로 자리한다. 그렇다고 해서, 인도사상에서 말하는 전통적인 윤회설과 불교의 윤회설이 같다는 말은 절대 아니다. 오히려 인도의 전통적 윤회설은 부처님의 가르침에 의해서 더욱 체계화되고 명확해졌다고 볼 수 있다.

요즈음 들어 동서양의 심리학자나 과학자, 의학자, 철학자들은 불교의 윤회설을 종교적 영역 밖으로 끌어내어 세상에 대한 지혜와 사회 구제의 새로운 가능성으로 발전시켜 보려는 시도를 하고 있다.

초심리학에 근거, 기억 퇴행법이니 하는 방법으로 인간의 전생을 무수한 사례로 증명시킨 미국의 유명한 여성 심리학자이며 의사인 에드가 케이시(Edga Casy)를 비롯하여, 1960년대 신과학운동과 연관한 뉴에이지운동의 주도자인 지나 서미나라(Jina, Suminara)와 인간의 무의식 속에 무한한 과거의 전생 기억이 숨겨져 있음을 심리학적으로 파헤친 스위스의 저명한 심리학자 칼 구스타프 융(C. G. Jung) 등이 그 대표적인 예이다. 특히 서양에서의 전생과 윤회를 밝혀 보려는 과학적 노력은 많은 발전을 가져와 인간 존재의 본질을 규명하는 데 새로운 몫을 하고 있다.

불교의 윤회관

그러면 불교에서 말하는 윤회는 무엇인가.

불교에서는 모든 중생은 이 세상에 태어나기 전에도 무수한 생의 과정을 겪어 왔다고 말한다. 흙과 물과 불과 바람으로 이루어졌던 중생의 육신은 소멸되더라도 그가 생전에 지었던 모든 행위에 따른 보이지 않는 세력(이것을 업력이라 한다)은 마음 속에 그대로 저장되어(이것을 업식이라고 한다) 소멸되지 않고 다른 태중으로 옮겨가 다시 태어난다는 것이다.

여기서의 업식은 기독교나 인도사상에서 말하는 영혼에 해당한다. 그러나 불교에서 말하는 업식은 영혼과는 그 성격이 아주 다르다. 영혼은 고정적이고 영속적이고 실체적인데 비해 업식은 가변적(可變的)이고, 비영속적(非永續的)이고, 가유적(假有的)이다.

영혼은 살아있을 때나 죽었을 때나 영원히 변치 않고 항상 존재하지만 업식은 다른 인연을 만나면 변화되는 가변성을 띠고 있을 뿐만 아니라 부처님처럼 수행하여 진리를 체득하게 되면 사라지는 존재이다.

불교에서 말하는 내세의 주체라고 말할 수 있는 이 업식은 살아 생전 선악을 행한 결과에 따라 다른 세계의 몸을 받는데 그 종류를 크게 다섯 또는 여섯 갈래로 나눈다. 이것을 오도윤회(五道輪廻) 혹은, 육도윤회라 한다. 오도란 천상도(天上道)·인간도(人間道)·축생도(畜生道)·아귀도(阿鬼道)·지옥도(地獄道)를 가리키고, 육도란 이 오도에다 아수라도(阿修羅道)를 포함한 것이다.

『정법념처경(正法念處經)』에서는 중생들이 몸을 마치고 난 다음의 세계인 육도윤회의 과정과 모습들을 상세히 설하고 있는데 거기서는 중생의 마음을 화가에, 짓는 업을 색채에, 그림을 육도세계에 비유했다. 그 내용을 정리해 소개하면 다음과 같다.

어찌해서 중생들에게는 갖가지로 태어나는 길과 모습과 또 의지해서 살아야 할 곳이 있게 되었는가. 마치 지혜로운 마음의 화가는 업의 물감으로 여섯 가지 중생을 그린다. 저 지혜로운 화가가 흰 물감으로 흰 그림을 그리고, 빨강 물감으로 빨간 그림을 그리며, 노란 물감으로 노란 그림을 그리고, 회색 물감으로 회색 그림을 그리며 검정 물감으로 검은 그림을 그리는 것처럼, 마음의 화가도 번뇌에 더럽힘이 없는 사랑의 색깔로는 천상과 인간의 모습을 그리고, 살생과 탐욕과 분노와 우치의 색깔로는 축생의 모습을 그리며, 욕망과 질투와 어둠의 색깔로는 아귀의 모습을 그리고, 살생ㆍ도둑질ㆍ음행ㆍ망어 등의 색깔로는 지옥의 모습을 그린다.

이와 같은 것들은 모두 중생들 스스로가 그려 스스로가 만든 것이지 남이 만들어 준 것이 아니다.

우리가 이 말씀을 자세히 살펴보면 내세는 천당이나 지옥 같이 두 길만이 존재하는 것이 아닌 매우 다양한 세계가 있을 수 있다고 볼 뿐만 아니라 그곳에 태어나는 방법도 절대자의 뜻이나 신의 심판에 의한 것이 아닌 스스로의 행위에 대한 과보의 세계임을 알 수 있다.

불교의 내세관인 윤회설은 타종교의 심판에 입각한 내세처럼 닫혀 있지 않다. 어느 학자의 표현처럼 기독교의 지옥은 한 번 들어가면 다시는 못 나오는 영원한 무기징역의 감옥소이고 불교의 지옥은 아무리 큰 죄를 지어도 그 죄값을 다 치르고 나면 언젠가는 나오는 유기징역의 감옥소이다.

또 한 가지 특징은 불교의 윤회세계는 고정적이고 영원한 세계가 될 수 없다는 것이다. 언제든지 과보를 다 받고 나면 벗어날 수 있는 세계이다. 천상의 즐거움도 자신이 전생에 지었던 과보가 끝나면 인간이나 축생 세계로 떨어질 수 있고 지옥의 고통도 자신이 지었던 과보만큼 받으면 다시 인간이나 천상으로 올라가 소멸될 수 있다. 그러니까 불교의 내세에는 항상 빛이 있고 희망이 있다.

종교가 있든 없든 자신이 한 만큼 받는 것이 진리라는 근거 위에 윤회는 존재한다. 그런데 여기에 더욱 중요한 사실은 불교에서 말하는 윤회가 꼭 사후에 태어나는 세계에만 한정되지 않는다는 점이다. 오히려 윤회는 현재 중생들의 마음 속에서 그려지고 형성된다. 사실 부처님께서는 이 점에 더욱 비중을 두어 윤회를 설명하셨다.

말하자면 윤회란 비단 몸을 버리고 난 후에 가는 세계가 아니라 현금(現今)에 볼 수 있고 느낄 수 있고 벗어날 수 있는 세계라는 것이다. 그러면 어떠한 윤회가 그러한 윤회인가. 그것은 다름 아닌 마음의 윤회를 가리킨다. 몸뚱이의 모습과 밖의 세계가 바뀌는 윤회가 아닌 마음이 바뀔 적마다 만들어지는 세계를 말한다. 육도윤회는 항상 자기 마음 속에 존재한다. 살아 있는 이대로 항상 당하는 마음 속의 윤회가 그야말로 중생에게는 지금 실존하는 윤회이다.

착한 행위를 많이 한 중생이 가는 곳이 기쁨이 가득한 천상도이고 선행과 악행을 비등하게 한 중생이 가는 곳이 우리가 사는 인간도이다. 성냄과 투쟁을 좋아한 중생이 가는 곳이 싸움질하는 세계인 아수라도이고, 어리석은 행을 많이 한 중생이 가는 곳이 축생도이며, 욕심을 많이 일으킨 중생이 가는 곳이 굶주림의 세계인 아귀도이다. 온갖 악을 지은 중생이 가는 곳은 고통이

극심한 지옥도이다.

이 말을 우리들의 마음 안에 적용시켜 보면 윤회가 결코 마음 밖의 세계가 아님을 금방 알게 된다. 즉 한 생각이 기쁘면 천상이요, 한 생각이 양심을 지키면 인간이요, 한 생각이 성을 내면 아수라요, 한 생각이 어리석으면 축생이요, 한 생각이 욕심을 일으키면 아귀요, 한 생각이 고통스러우면 지옥이다. 이처럼 윤회는 우리들의 마음 안에서 끊임없이 존재한다. 한 생각 한 생각이 모두 윤회인 셈이다.

하루 가운데, 한 시간 가운데에서도 아니 단 일 분 일 초 가운데에서도 윤회는 쉬지 않는다. 지옥에서 천상, 인간에서 아수라, 아귀에서 축생, 축생에서 지옥, 아수라에서 축생 등 이렇게 서로서로 교차하면서 오르락내리락 온갖 세계를 헤맨다. 그야말로 한 생각마다 나고 죽음이 존재하고(一念生死), 한 생각마다 한 세계가 형성되는 셈이다(一念世界).

일체 생각이 윤회요, 일체 세계가 생사다. 스님들이 죽은 사람(亡者)의 극락왕생을 위해 축원할 때 나오는 "일일일야 만생만사 수고함령(一日一夜萬生萬死受苦含靈)"이라는 독경의 내용은 이를 두고 한 말이다. 이 말이 어찌 죽은 망자의 넋을 향해서만 하는 소리일까. 하루 낮 하루 밤 가운데에서도 만 번을 태어나고 만 번을 죽으며 온갖 고통을 받는 불쌍한 넋과 중생계의 모든 생명 모습을 그대로 나타낸 표현이다. 죽어서만 가는 윤회가 아니다. 이승 저승 따로 있는 윤회가 아니다.

마음 속 윤회가 쉴 때

태어나기 전, 현재의 삶, 죽고 난 후만이 전생·금생·내생이 아니라 앞 생각이 전생이요, 지금 생각이 금생이며, 다음 생각이 내생이다. 그 가운데 우리는 어느 세계를 만들어가고 있는가. 어떤 윤회를 짓고 있는가. 혹자 중에는 불교에서 말하는 윤회관을 "권선징악적 윤리의 교설" "죄 짓지 말라는 방편설" "인도의 전통철학 속에 있었던 사상"이니 하며 가볍게 보는 경향이 있다. 만약 불자가 이 윤회설을 부정하면 어찌 되겠는가. 불교의 윤회설은 이 세상 어느 종교의 내세관보다도 합리적이고 실증적이며 희망적이다.

불교의 8만4천 교설은 모두 이 윤회라는 사실에 기초하여 전개된다. 윤회가 없는데 어찌 해탈과 깨달음이 있으랴. 윤회를 믿지 않는 자는 부처님도 믿지 않는 자다. 사성제, 삼법인, 십이연기, 업 등의 기본교설뿐만 아니라, 『법화경』『화엄경』『원각경』『능엄경』 등의 대승교설은 모두 윤회 속의 중생들에게 해탈과 깨달음의 광명을 열어주기 위한 가르침이다.

윤회를 바로 보고 바로 알며 그로부터 벗어나는 일, 이것이 불교의 이상이고 목표이다. 우리가 만약 살아 있는 금생의 윤회를 벗어나지 못하면 내세에 닥쳐올 윤회도 면하기 어렵다. 도를 깨달은 성인들에게는 내세가 더 이상 존재하지 않는다. 윤회의 흐름을 완전히 끊었기 때문이다.

부처님이나 보살님, 그리고 아라한, 역대의 조사들에게는 허공 같은 자유와 평화, 태양 같은 광명만이 존재할 뿐이다. 천상이 되었건 인간이 되었건 그 세계가 아무리 좋다 해도 구속이고 얽매임이다. 우리 불교인이 진정으로 바라야 할 내세가 있다면 불보살이 누리시는 해탈의 세계, 진여세계여야 한다. 그렇다고 이곳이 그냥 갈 수 있는 곳은 아니다. 깊은 신심과 원력, 그리고 끝없는 수행을 닦아야 한다. 안으로는 계율을 굳게 지키고 자신의 마음 가운데 일고 꺼지는 윤회의 마음을 집중적으로 관찰하면서 밖으로는 중생을 사랑하고 보살피는 대승보살의 행을 구비해야 한다.

부처님께서는 『원각경』에서 "윤회를 일으키는 어리석은 마음은 진실로 있는 것이 아니다. 누구든지 수행을 하면 윤회로부터 벗어나 크나큰 깨달음을 얻을 수 있다(無明者 非實有體 一切衆生 皆證圓覺)"라고 하셨고 『아함경』에서는 "과거 일을 알고 싶으면 현재의 받은 바를 볼 것이요, 미래의 일을 알고 싶거든 현재의 짓는 바를 보라"고 하셨다.

이제부터라도 부처님이 설하신 윤회의 가르침을 잘 이해하여 자신을 깨닫고 밝히는데 많은 정성을 기울여야 할 것이다. 우리의 마음 속에 윤회가 쉴 때 비로소 부처님의 밝은 모습을 친견하고 더 없는 공덕을 얻을 수 있으니까.

업(業)이란 무엇인가?

우리에게 업(業)이라는 말은 그리 좋은 감정을 갖게 하는 용어가 아니다. 사람들은 이 업이라는 말을 사용하거나 듣고, 그것을 죄와 악이라는 어둡고 고통스러운 뜻으로 인식하기 때문이다.

"내가 전생에 무슨 업을 지었길래 팔자가 이 모양이냐" "이게 다 너의 업보이니 달게 받아라." "부잣집 업 나가듯 슬며시 사라졌다" 등의 자주 하는 말들 가운데 들어 있는 업이라는 의미가 그것을 말해 준다.

그러나 본래 업이라는 말은 이렇게 어둡고 부정적인 면만 지니고 있는 것이 아니다. 불교에서 사용하는 업이라는 말은 산스크리트 카르마(karma)에서 비롯된 것으로 행위·조작·일·짓거리라는 뜻을 가진 용어인데 중생이 일으키는 모든 활동을 통칭한다. 그러니까 업이라는 말 속에는 선한 행위, 악한 행위, 선하지도 악하지도 않은 등의 모든 행위가 포함되는 것이다.

업 마음 짓거리

불경을 읽다 보면 이 업이라는 글자의 앞과 뒤에 여러 종류의 또다른 글자가 붙은 용어를 발견하게 된다(업자 앞에다 붙이는 말로 선업, 악업, 무기업, 순현업, 순서업, 순후업, 별업, 공업, 정업, 부정업, 표업, 무표업 등이 있고 업 뒤에 붙이는 말로는 업보, 업장, 업경, 업습, 업력 등이 있다). 이는 업이라는 용어가 지니고 있는 뜻의 범주가 그만큼 넓기 때문이기도 하다. 실제로 부처님께서는 업이라는 뜻을 설명하는데 여러 각도에서 중생들을 이해시키려고 하셨다. 왜냐하면 업이야말로 중생을 이 세상에 태어나게도 하고 죽게도 하며 행복하게도 불행하게도 하는 주체이기 때문이다.

"세계는 업에 따라 존재하고 사람 또한 업에 따라 존재한다. 수레바퀴가 쐐기에 얽혀져 굴러가듯 존재하는 모든 것은 업에 속박당하고 있다"라는 『숫타니파타』의 말씀과 "사람의 행위는 좋은 땅에 잘 뿌려진 씨앗과 같은 것이다. 비가 내려 날 때가 되면 나서 성장하여 열매를 맺는다. 이와 같이 사람들이 악함과 선함으로 하는 행위도 반드시 성숙하여 과보를 가져오나니 현세에서나 내세에서나 그 과실을 먹어야 한다"라는 『증일아함경』의 말씀은 업이 바로 세계와 중생을 건립하는 요인이며 금생과 내생의 삶을 되풀이하게 하는 윤회의 씨앗임을 알게 해 준다.

이렇게 볼 때 우리 모두는 업을 짓는 자이면서 동시에 업을 받는 자이기도 하다. 그렇다면 이렇게 중생의 삶을 지배하며 장악하고 있는 업을 우리는 어떻게 이해하고 대처해야 옳을까?

경험해 본 사람은 알겠지만 옛날 시골의 논둑이나 밭둑길을 걷다 보면 풀섶에서 썩은, 짧은 새끼줄 떨어진 것을 간혹 발견하게 된다. 그런데 때로는 이 새끼줄이 사람의 가슴을 무척 놀라게 하는 수가 있는데 그것은 다름아닌 그 새끼줄을 뱀으로 착각했을 경우이다. 꼭 뱀이 풀섶에서 몸을 늘이고 있는 것처럼 착각하고 뒷걸음 치던 경험을 시골에서 살았던 사람은 한두 번쯤 해 봤을 것인데 이 일이 아니라도 우리는 이와 비슷한 경험을 당할 때가 종종 있다. 속담에 "자라 보고 놀란 가슴 솥뚜껑 보고 놀란다"라는 말도 그 한 예 다.

그런데 여기서 우리는 한 가지 매우 흥미있고 유익한 이치를 생각해 낼 수 있다. 그것은 다름아닌 왜 썩은 새끼줄을 하필이면 뱀으로 착각하였느냐 하 는 점이다.

새끼줄을 염주로 볼 수도 있었을 텐데 어째서 뱀으로만 보았느냐는 말 이다. 여기서 두 가지 대답을 할 수 있을 것이다. 가장 흔한 대답으로 "당연히 새끼줄이 뱀의 모습을 닮았기 때문이다"라는 경우이다. 즉 썩은 새끼줄이 뱀 으로 착각되어 보이는 이유는 새끼줄 자체가 염주나 꽃을 닮지 아니하고 뱀 의 모습과 흡사하기 때문이라는 것인데 이 대답에 대부분의 많은 사람들이 동조한다.

다음의 두번째 대답은 좀 이해하기 어려운 대답으로 "새끼줄을 뱀으로 본 것은 새끼줄이 뱀을 닮았기 때문이 아니라, 새끼줄을 보고 뒤로 도망친 사람 이 뱀에 대한 생각을 마음 속에 저장해 두었기 때문"이라는 경우이다.

즉 썩은 새끼줄을 뱀으로 보고 도망친 이유는 새끼줄에 있는 것이 아닌 새 끼줄을 보고 있던 사람의 마음에 뱀에 대한 정보가 미리 들어 있다가 새끼줄이라는 인연을 만나 착각 현상을 일으켰다는 것이다. 이 말을 거꾸로 하면 아무리 썩은 새끼줄이 뱀을 닮았더라도 바라보는 사람이 만약 뱀이라는 이름도 들은 적이 없고 뱀이라는 형체도 본 적이 없다면 절대로 이와 같은 일은 벌어지지 않는다는 것이다.

그런데 이상과 같은 두 가지 견해에 대해서 불교는 후자의 대답을 지지한다. 즉 이 세상은 모두 자기 마음이 지은 그림자일 뿐 다른 것이 아니라는 입장이다. 만약 어떤 사람이 마음 속에 염주 생각을 간절하게 쌓아 둔 경험으로 논둑길을 걸어 갔다면 그 사람은 새끼줄이 뱀으로 보이지 않고 염주로 보일 수도 있다는 것이다.

이 비유에는 불교의 업과 그 수행원리가 들어 있다. 업이란 수행적 입장에서 볼 때 '마음 짓거리'라고 해석할 수 있다. 마음 짓거리의 결과가 업보이고, 마음 짓거리가 쌓여서 이뤄진 것이 업장이며, 마음 짓거리에 따라붙는 버릇이 업습(業習)이며, 마음 짓거리에 의해서 바라보이는 세계가 업경(業境)이며, 마음 짓거리가 일어나는 힘이 업력(業力)이다. 그러니까 업을 발생시키고 업을 저장하고 업을 받는 곳이 다름 아닌 마음에 있는 것이다.

"마음은 전생업의 총보(總報)요 금생업의 일체 종자(種子)"라고 한 『유식삼십송(唯識三十頌)』의 말씀과 "마음이 움직이면 바로 업이다(心動曰業)"라고 한 조사의 말씀이 이를 증명한다.

중생은 항상 자기 마음이 한 짓거리만큼 세상도 그렇게 보이고 그만큼 가치도 느끼며 과보도 받는 것이다. 똑같은 산을 보고도 골프 좋아하는 사람은

저 산에다 골프장 지었으면 좋겠다고 상상하고 건축업자는 저 산에다 빌라
나 콘도를 지었으면 좋겠다고 상상하고, 필자 같은 경우는 저 산에다 불교수
련원 지었으면 좋겠다고 상상한다.

이렇듯 중생은 자기의 마음으로 모든 것을 그리고, 만들어 놓고 거기에 다
시 집착하여 벗어나지 못하고 얽매이게 된다. 바로 자기의 마음과 마음에서
일으킨 업과 업에 의해서 나타난 세계가 본래 분리되어 따로 있지 않건만 어
리석은 중생은 각각 따로따로 있다고 착각하는 것이다.

마치 저 비유에서의 제 마음이 뱀의 업을 만들고 새끼줄을 뱀으로 착각해
놀라듯, 중생은 제 업 속에서 살다가 제 업 속에서 죽는다. 불교의 수행은 바
로 이렇게 잘못된 착각을 바로 잡고 스스로가 지은 업으로부터 벗어나려는
공부이다.

짓고 소멸하는 걸 타파하라

새끼줄을 새끼줄로 볼 수 있는 지혜, 뱀으로 잘못 여긴 뒤집힌 생각으로부
터 벗어난 지혜를 얻으려는 공부가 불교의 수행이라는 말이다. 그럴려면 항
상 해야 될 일은 마음에 관심을 두는 일이다. 왜냐하면 마음을 바꾸고 날뛰
는 마음을 바로 잡지 않고서는 업을 바꾸지 못하기 때문이다.

흔히 우리 불교에서 자주 쓰고 있는 업장소멸이니, 업장참회니 하는 것은 모
두 전생부터 쌓아 왔던 왜곡되고 굴절된 마음을 정립하고 청정히 하여 내면
의 깨달음을 이루기 위해서다. 업은 그냥두면 세력이 붙어 더욱 강해지고 치

성해진다. 마치 큰 돌을 지고 진흙 속을 걸으면 짐은 점점 더 무거워지고 발은 더욱 밑으로 빠져드는 것처럼 업은 우리의 삶을 점점 미궁 속으로 빠지게 한다.

그럼 어떻게 업에서 벗어날 수 있을까? 위에서도 언급했지만 업이란 다름 아닌 마음의 짓거리다. 이 마음의 짓거리는 몸과 입의 행동을 유발하고 바깥 세상에 대해서 인과관계를 맺게 하는데 선한 작용에는 선한 인과가, 악한 작용에는 악한 인과가 찾아온다. 그러니까 이런 모든 마음 짓거리에 따른 인과 업을 벗어나려면 근본적으로 마음 짓거리를 그쳐야 한다는 결론에 이른다. 업장소멸이니 업장참회니 업장청정이니 멸업장이니 하는 말은 결국은 마음 짓거리가 사라진 경지를 뜻한다.

흔히들 업장을 참회한다, 업장을 소멸한다 하면 죄지은 것을 참회하거나 소멸한다고들 이해하는데 불교에서 말하려는 업장은 단순히 죄지음이나 악한 짓을 가리키는 말이 아니다. 업장이란 중생들이 어머니 뱃속에서부터, 아니 그 이전부터 지니고 내려왔던 근본무명(根本無明)과 그에 기반하여 일어나는 일체의 마음 짓거리들을 전부 지칭하는 것이다. 그러므로 진실로 업장을 소멸하려면 마음 짓거리를 쉬게 하고 나아가서는 마음 짓거리를 하게 하는 근본무명심을 타파해야 한다. 이것이 해결되지 않고서는 업에서 벗어날래야 벗어날 수 없다.

부처님 앞에서 염주를 돌리고 관세음보살을 불렀다고 해서, 참회진언이나 멸업장진언을 외웠다고 해서, 천 배 만 배 절을 많이 했다고 해서 업장이 소멸되지 않는다. 이런 행위는 다만 일시적으로 악한 업을 착한 업으로 바꾸게 는 해 줄지언정 근본적인 업에서 벗어나지는 못한다. 썩은 새끼줄을 보고 뱀 인 줄 알고 놀랐다고 썩은 새끼줄한테 화를 내는 식의 삶을 살아가는 사람에 게선 결코 업이 사라지지 않는다. 반대로 썩은 새끼줄을 염주인 줄 알고 반 가워서 좇아갔다가 실망하는 식의 삶을 살아가는 사람에게도 결코 업은 사 라지지 않는다.

진정한 의미의 업장소멸은 뱀을 새끼줄로 보기도 하고 염주로 보기도 했 던 자신의 어리석은 마음을 탓하고 다시는 속지 않겠다고 마음을 다지는 자 세로부터 출발한다. 바로 자신의 마음으로 모든 것을 돌리는 일, 이것이 매우 중요한 것이다. 항상 쉬지 않고 찰나찰나 일어나는 마음 짓거리를 집중적으 로 보면서 그 짓거리를 완전히 쉴 때 비로소 업의 본질을 보게 되고 업으로 부터 벗어나게 된다.

이렇게 볼 때 우리 불자가 늘 업장을 소멸해 달라고 찾는 관세음보살은 입 으로 불러들이는 마음 바깥의 관세음이 아니라 자신의 마음 짓거리를 보게 하고 쓰게 하고 여의게 하는 마음 안의 관세음이다. 업은 누가 대신 맑혀주 고 참회시켜 주지 않는다. 업은 업을 지은 사람이 스스로 해결해야 한다.

자신에게 닥쳐올 업이 저 밖의 허공이나 세상이나 시간 가운데 어디에 있 을 것이라고 두려워하고 없애려 하지 말고 지금 이 순간에 일어나는 자신의 마음 업을 항상 관찰하며 소멸하려고 수행해야 할 것이다.

동요없는 영원한 마음
- 일념(一念) -

　백장청규(百丈淸規)로 유명한 당나라 때의 고승 백장회해(百丈懷海) 선사가 어느날 잠을 자다가 목이 말라 눈을 떴다.

　낮 같으면 시자를 불러 물을 가져오라고 시켰겠지만 깊이 잠들어 있는 시자를 깨울 수 없어 선사는 망설이다 그냥 자리에 다시 누웠다. 그런데 얼마 안 있어 어떤 사람이 문을 두드리는 소리가 나는 것이었다. 선사가 일어나 문을 여니 뜻밖에도 잠들어 있을 줄 알았던 시자가 끓인 물을 갖다 바치는 것이 아닌가. 괴이하게 여긴 선사가 "네가 어찌 알고 나에게 물을 끓여 왔느냐"고 묻자 시자는 "누군지는 몰라도 잠자고 있는 저를 흔들어 깨우더니 물을 끓여 큰 스님께 갖다 바치라고 해서 이렇게 가지고 왔습니다"라고 했다. 그러자 백장 선자는 손가락을 튕기며 '아차 내가 그만 헛수행을 했구나. 한 순간에 내마음(一念)을 단속 못하고 흘려 보내어 토지신에게까지 들켜 이 지경에 이르다니…'하고 탄식을 하였다고 한다.

　이 일화는 중국 선사들의 전기와 법어를 기록한 『조당집(祖堂集)』에 나오는

애기이다. 우리들로서는 백장 선사가 토지신의 보호를 받을 만큼 도력이 높은 분으로 여겨지겠지만 정작 백장 선사 자신은 그것을 오히려 큰 수치로 여긴 것이다.

모름지기 수행자의 마음이란 생각생각이 대상을 향해서 날아가지 않도록 항상 살피고 안으로 집중시켜야 한다. 백장 선사로서는 이점을 누구보다도 중요시하면서 실천했던 것이다. 밥먹고 일하고 예불드리고 좌선하는 일상생활에서 뿐만 아니라 잠이 들어 있는 상태에서도 자신의 마음관리를 철저히 할 줄 알 때 수행은 완성되는 것이라고 그분은 보았다.

인간의 마음은 선천적으로는 늘 보고 듣는 경계를 따라 흐르고 움직인다. 수행이란 바로 이러한 마음을 차단시키는 작업이다. 우리 불자들이 부처님 앞에서 행하는 모든 의식도 실은 이곳에 초점이 있다. 끊임없이 일어났다 사라지는 한 생각 한 생각들을 내면으로 돌이켜 집중된 한 생각으로 만드는 일은 불교수행의 공통된 과제인 것이다.

일념(一念)으로 염불하고 일념으로 절하고 , 일념으로 참선하는 것이 나중에는 생활 속에 젖어 들어 자고 먹고 일하는 속에서도 지속된다면 그는 부처님을 향해 곧장 가는 사람일 것이다. 우리들의 생각은 그것이 아무리 작은 것일지라도 그대로 방치해 두면 세력이 불어나 인과를 초래케 하고 얽매임을 가져오게 한다.

일념이라는 글자를 불경에서 쓸 때에는 두 가지 측면에서 설명하고 있다. 하나는 중생들의 일고 꺼지는 한 생각 한 생각 그 자체를 들어서 말할 때가 있고 또 하나는 그와의 반대로 일고 꺼짐이 없이 일관되게 하나로 집중되어 흩어지지 않는 상태의 마음을 말할 때가 있다.

앞의 일념이 불법을 수행하지 않는 일반 중생들이 쓰고 있는 하나하나의 모든 마음작용을 가리킨다고 한다면 뒤의 일념은 불법을 닦는 수행자가 참선을 한다든가 염불을 한다든가 하여 마음이 안으로 집중되어 있는 상태를 가리킨다.

천태학이나 화엄학에 의하면 중생들의 일념은 그것이 앞서의 두 측면처럼 순간적이든 지속적이든을 막론하고 일념 그 자체 속에 세상의 모든 법이 다 갖추어져 있을 뿐만 아니라 시작도 없고 끝도 없는 영원성을 내포하고 있다고 한다. 이른바 천태학에서 말하는 일념삼천(一念三千)설과 화엄학에서 말하는 일념즉시무량겁(一念卽是無量劫)설이 그것이다.

누구라도 일어나는 자신의 생각들을 놓치지 않고 비추어 보는 수행을 거듭할 것 같으면 필경에는 깨달아 질 수 있다는 것이다. 불교의 모든 수행이란 결국 이러한 '일념'을 바로 지키고 비추어 자신의 일념 내면 속에 깃들어 있는 참부처를 친견하는 일이다.

한 생각이라는 뜻을 지니고 있는 일념은 이렇게 누구나 지니고 있고 쓰고 있는 것이지만 향하는 바에 따라 크게 차이가 나는 것이다.

모두 함께 타고가는 법(法)의 수레
- 일불승(一佛乘) -

　얼마전 미얀마에 계신 손꼽히는 고승 한 분을 초청하여 법회를 연 적이 있다. 그때 필자는 그동안 우리 한국과 같은 북방 불교권에서 써오던 버릇대로 남방 불교권에 대해서 소승불교라는 표현을 무심코 했었는데 그 말이 그만 그분의 귀를 거슬리게 했던 모양이다. 스님은 "2천5백 년전 석가모니 부처님의 계율과 가르침을 그대로 전승하여 실천하고 있는 우리 남방불교를 왜 소승불교라 칭하는가. 소승이라는 말은 중국과 한국, 그리고 일본 등지에서 존중되고 있는 대승경전에서 사용하고 있는 말이다. 우리 지역의 불교는 그냥 '남방불교' 혹은 '상좌부불교'라고 칭하는 것이 옳다"라고 힐책하는 것이었다. 필자는 사과를 하면서 대승불교권에서 바라보는 상좌부불교에 대한 궁금증에 대해 질문했다.

　스님은 이 부분에 대해서도 "이곳 대승불교 쪽에서 주장하는 경전의 가르침을 우리는 이해하고 있다. 그러나 대승불교를 숭봉하는 분들은 우리 남방불교에 대해서 너무 모르고 있는 것 같다. 그냥 소승도라고 무시해 버리는 시각도 그동안 있어 왔는데 이는 매우 잘못된 시각이다. 이젠 서로가 서로를 자세히 알고 부족한 것이 있으면 함께 채워가야 한다"고 하면서 필자의 질문에 소상히 답변해 주셨다. 그 말씀 가운데는 우리가 남방 불교권에 대해서 대승적 교설에 입각해서만 피상적으로 알고 있던 문제들에 대한 보다 정확한 이해와 함께 양자간의 수많은 교류가 앞으로 있어야만 할 것이라는 진단을 내리게 하였다.

사실 소승이란 혼자 타고 가는 작은 수레(Hīna-yāna)라는 뜻으로 모두와 함께 타고 가는 큰 수레(Mahā-yāna)라는 뜻을 지닌 대승에서 붙여준 이름이다. 이 둘은 석가모니 부처님이 열반에 드시고 난 후 150여 년경 부파불교 때 갈라진 것으로 남방불교가 전통적 계율과 교법을 전승한 출가 중심의 보수적 성향을 띤 상좌부의 맥이라면 대승불교는 시대와 상황에 맞게 계율과 교법을 부처님의 깨달은 내용에 입각하여 재해석한 재가 중심의 진보적 성향을 띤 대중부의 맥이라 할 수 있다. 그러다 보니 이 둘은 자연히 똑같은 불교를 표방하면서도 서로 다른 시각을 가지고 부처님과 교법을 해석했고, 실천 방향도 달라질 수밖에 없었다. 그럼 남방불교와 대승불교의 주장하는 바는 과연 무엇인가?

남방불교는 대승불교의 모든 경전을 석가모니 부처님의 입으로는 직접 설하지 않은 비불설이라고 주장하는 반면 대승불교에서는 석가모니 부처님이 입으로 설한 것 말고 마음으로 설한 것을 들은 것이 대승경전이므로 남방불교 경전보다 훨씬 높다고 주장한다.

남방불교에서는 모든 존재는 생기고 없어지는 무상한 것이라고 하는데 대승불교에서는 모든 존재는 본래 생기고 없어지는 것이 아닌 공(空)한 것이라고 주장한다. 또, 남방불교에서 부처님은 살아 계셨을 때만 깨달음의 경지가 있고 돌아가시고 나서는 중생들과 아무 관계가 없는 것이라고 하는데 반해 대승불교에서는 부처님은 태어나기 전에도 계셨고 돌아가시고 나서도 깨달음 자체로 계시기 때문에 지금도 중생을 제도하고 계신다고 주장한다.

마음에 대해서도 남방불교에서는 마음은 무상하고 허망한 것으로 없애야 한다고 주장하는 반면 대승불교에서는 무상하고 허망한 마음 말고 그 안에 부처가 될 수 있는 종자인 불성이 있다고 주장한다. 그리고 수행 경지에 대해서도 남방불교는 수행을 해서 얻을 수 있는 최고의 경지는 성문과 연각이 얻는 아라한과(阿羅漢果)인데 비해 대승불교는 중생도 부처님처럼 될 수 있다는 불과(佛果)를 주장한다.

수행방법에 대해서는 남방불교는 오근(五根)·오력(五力)·칠각지(七覺支)·팔정도(八正道)와 같은 개인적 수행을 강조한 반면 대승불교는 육바라밀·십바라밀과 같은 이타적 수행을 강조하며, 중생구제 없는 수행은 무의미하다고 주장한다.

또 부처님에 대해서도 남방불교는 석가모니 부처님과 과거7불, 그리고 미래불인 미륵불만을 인정하는데 반해 대승불교에서는 석가모니 부처님의 깨달음은 우주에 두루하기 때문에 중생을 구제하는데 얼마든지 많은 부처가 출현한다고 주장한다. 그리고 출가도 남방불교에서는 석가모니 부처님의 수행은 출가로부터 비롯되었기 때문에 출가의 공덕에 입각한 수행을 으뜸으로 친 반면 대승에서는 석가모니의 수행은 이 세상에 오시기전부터 수많은 보살행을 통해 해온 것이지 출가를 했기 때문에 수행한 것이 아니므로 참다운 수행은 출가, 비출가 이전에 보살도에 있는 것이라고 주장한다.

이와 같이 남방불교와 대승불교는 과거부터 불교의 제반 사상에 대하여 서로간에 상반된 입장을 취하면서 적지않은 마찰을 가져왔던 것이다. 특히 이러한 문제에 대해서 보다 공격적인 태도를 지닌 측은 대승 쪽이었다. 대승의 많은 경전에서는 전통적이고 개인 위주의 수행을 강조하는 상좌부 계통의 수행자들을 소승 외도라고까지 칭할 정도였다.

대승경전에 의하면 대승을 따르고 실천하는 수행자들을 가리켜 보살승(菩薩乘)이라 하고 소승을 따르고 실천하는 수행자들은 연각승(緣覺乘)·성문승(聲聞乘)이라 한다. 이것을 삼승(三乘)이라 하는데 이는 순전히 대승 쪽의 분류일 뿐 남방불교의 방식은 아니다.

남방불교의 입장에서는 보살은 석가모니 부처님의 전생 모습일 뿐 실재는 스승의 설법을 듣고 법을 깨치는 성문승과 인연법을 스스로 관찰하여 법을 깨치는 연각승만이 있다.

대승불교의 역사 속에는 이렇게 인정을 하건 안하건 대승으로서의 보살승과 소승으로서의 성문승, 연각승을 주장했다고 볼 수 있는데, 그렇다면 과연 대승의 모든 경전이 다 그랬을까? 그것은 아니다. 대부분의 경전이 성문과 연각 같은 개인 구제를 중심으로 한 성자들을 꾸짖고 비난한 것은 사실이지만 불교의 최고 경전이라고 스스로 자부하는 『법화경』에서는 이 세 가지의 수레를 하나로 귀일시키고도 있는 것이다.

이것은 회삼귀일(回三歸一), 즉 셋을 하나로 복귀시킨다는 사상이다. 그 하나란 일승(一乘 : Eka-yāna)을 말한다. 일승은 대승과 소승을 통합시키는 또다른 차원의 크나큰 수레로 기존의 대승과는 성격을 달리한다고 할 수 있다. 『법화경』「방편품」에 의하면 부처님은 성문승·연각승·보살승 이 셋에 대해 그 각각은 궁극이 아닌 방편이며 실제로는 일불승뿐이라고 하면서 소승과 대승을 하나의 크나큰 부처의 수레(一佛乘)에 오르게 하기 위한 방편이라고 하셨다.

쉽게 비유해서 말하면 우리가 혼자 타고가는 소승을 오토바이에 비유하고 여럿이 함께 타고가는 대승을 버스에 비유한다면 일승은 오토바이와 버스를 다함께 이 기슭에서 저 기슭으로 태워 옮겨주는 큰 배와 같다는 것이다. 이는 소승과 대승의 분열을 막고 하나의 커다란 부처님 속에서 깨달음을 얻게 하려는 가르침인 것은 틀림없다. 하지만 이렇게 큰 뜻을 지닌 부처님의 일불승사상도 남방불교의 수행자들에게는 하나의 '당신네들이 만든 부처님의 말씀'일 뿐이라고 여겨지고 있으니 이것은 우리 대승불교가 안고 있는 큰 과제라고도 할 수 있다.

이렇듯 법화경의 일불승적 사상은 아직도 교리적으로나 단합을 이루는데 큰 역할을 하지 못하고 있는 것 같다. 이젠 불교도 과거시대와는 다른 불교 국가간의 국제적 협력이 필요할 때이다. 성문승과 연각승을 추구하는 남방불

교와 보살승을 추구하는 대승불교가 하나의 커다란 부처님의 수레 속에서
함께 굴러갔으면 한다.

나도 공하고 법도 공하다
- 이공(二空) -

송나라 때의 고승 중에 자원 선사(子元禪師)라는 분이 계셨다. 온주(溫州) 지방에 있는 능인사에서 수행하고 있었는데 몽고군이 쳐들어 와 스님을 잡아 놓고 목에 칼을 들이댔다. 보통사람들 같으면 두려움과 절망이 앞서 살려달라고 애걸을 하거나 자포자기로 한탄을 하는 법인데 스님은 아무렇지도 않게 가부좌를 틀고 앉아서는 한편의 시를 읊조렸다.

건곤고공탁무지(乾坤孤筇卓無地)
차희인공법역공(且喜人空法亦空)
진중대원삼척검(珍重大元三尺劍)
전광영리참춘품(電光影裏斬春風)

지팡이 꽂을 땅도 천지간에 없다마는
나와 법이 공하거늘 그 무엇 걱정하리

진기하고 우습도다 원나라의 세치 칼이
　번개불의 그림자를 봄바람이 베려하네

　실로 죽음 앞에서도 한점 미동없이 읊은 이 게송 속에는 대도인의 드높은 기상이 서려 있음을 알 수 있다. 게송 속의 "지팡이 하나 꽂을 땅도 천지간에 없다"는 것은 스님의 마음 살림살이를 가리킨다. 아무런 집착도 욕심도 없는 무소유의 마음이 그것이다. 우리네 중생들 마음 속엔 온갖 욕망이 꽉차 있다. 보고 듣고 맛본 일체의 인연들을 자신 속에 저장한 채 굳게 집착하고 있는 것이다. 그러나 도인의 마음은 세상의 어떠한 것도 자기 것으로 두지 않는다.
　이어 "나와 법이 공하거늘 그 무엇 걱정할까"라는 것은 스님의 부동하고도 여여한 깨침의 경지를 가리킨다. 도인이란 일체를 마음에 두지 않는 사람이다. 도인의 마음 속엔 나도 없고 남도 없다. 왜냐하면 나다, 남이다 하는 것은 모두 분별 망상이 만들어낸 거짓 현상으로 보기 때문이다. 중생들 마음에는 '나'가 있고 또 그 '나'에 의해서 비추어지는 남과 세상이 있다고 여긴다. 자신의 마음과 육신은 물론 이에 의해서 포착되는 산하대지와 일월성신, 그리고 모든 삶의 현상들을 실체로 여긴다는 말이다. 이것을 아집(我執)과 법집(法執)이라고 하는데 이는 중생들이 태어날 때부터 지니고 온 어리석은 판단에서 기인된 것이다.
　만약 우리가 이러한 그릇됨을 스스로 시인하고 두 가지 잘못에서 벗어나면 나와 세상이 함께 '공(空)'하여 참이 아니었음을 깨닫게 된다. 공(空)이란

'실제하지 않음(非有)' '존재하는 것 같지만, 거짓현상(假有)'이라는 뜻으로 자아가 공한 것을 아공(我空 혹은 人空), 남과 대상이 공한 것을 법공(法空)이라고 하며 이 둘을 합쳐 이공(二空)이라고 한다.

『반야심경』에 무(無)안 이·비·설·신·의, 무(無)색·성·향·미·촉·법이라는 말이 나오는데 무 안이비설신의는 아공의 이치를 밝힌 것이고 무 색성향미촉법은 법공의 이치를 밝힌 것이다. 눈·귀·코·혀·몸·의식으로 이루어진 자기라는 것은 본래부터 허망된 인연 기운의 모습이므로 있는 것 같지만 허상이요, 이로부터 부딪히는 물질·소리·냄새·맛·감각·대상의 온갖 법 또한 인연 기운으로 일어난 가상이다. 그러니 여기에 삶이다, 죽음이다 하는 것이 다시 달라붙을 수 있을 것인가?

자신의 목숨을 번개불 그림자에 비유하여 아공의 도리를 밝히고, 내려치는 칼날을 봄바람에 비유하여 법공의 도리를 밝힌 스님의 게송은 불법의 궁극이 어디에 있는가를 밝혀주는 상승의 법문이라 할 수 있다.

예로부터 불문(佛門)을 공문(空門)이라고 했다. 공의 체득은 그냥 이루어지지 않는다. 무시(無始) 이래로 지어왔던 고정된 관념, 대상을 향한 욕망, 자신에 대한 집착 등을 철저히 깨뜨려 반야지혜를 드러낼 때 체험되는 것이다. 한마음이 공해지면 아공·법공이 모두 성취되는 것이니 자신의 마음부터 살펴볼 일이다.

제5장
구름 넘어 허공을 보라

구름 넘어 허공을 보라

관념의 유희

한때 북한산 옆 한미산에 위치한 고찰 흥국사(興國寺) 아래 조그마한 집에서 지낸 적이 있다. 한의사로 유명하신 금오(金烏) 선생이 자신의 수행처로 마련해 놓은 단칸방을 혼자서 사용하게 되었던 것이다.

낮에는 주로 스승이 계신 절에 가서 법문을 듣기도 하고 다른 법회 모임에 가서 법문을 하기도 하다가 저녁이면 들어오곤 했는데, 일년 남짓 지냈던 그 시절이 필자에게는 더할나위 없는 좋은 경험이었다. 그러나 사람이 자신의 슬기로움과 어리석음을 인정하는 데는 시간이 지나봐야 되는 것일까.

필자에게 있어서도 이 점은 마찬가지였다. 머리굴림으로라도 불법을 이해합네 하면서 나름대로 수행좀 해 보겠다고 출가승의 마음으로 살고 싶었던 그때의 기억을 돌이켜보면 한편으로는 고귀했으면서도 부끄러웠던 시절이었다. 그때나 지금이나 필자가 불교활동을 하는데 있어서 가장 주안점을 두었던 것은 역시 수행에 대한 문제였다. 그 까닭은 수행이야말로 자신의 참모습을 깨닫는 제일 중요한 열쇠라고 믿었기 때문이다.

불교의 수행에는 물론 부처님 말씀에 대한 정확한 이해와 더불어 확고한 믿음, 그리고 그에 따르는 실천을 필요로 한다. 불교가 관념으로 아는 것에 그치지 아니하고 생각 바꿈의 차원에 머물러 있지 아니한 가르침이기에 이러한 요소들을 갖추어야 하는 것은 무엇보다 중요하다.

그런데 그 당시 필자는 불법을 이해하고 실천하는데 있어서 위에서 지적한 하나의 관념이나 생각 바꿈의 차원에 머물러 있었다는 사실이다. 그중 잊혀지지 않는 하나의 사건 아닌 사건이 바로 지금 소개하는 내용으로, 얼핏 보면 퍽이나 시시한 얘기겠지만 수행을 하는 사람에게는 필요할 듯도 싶어 말을 한다.

필자가 수행에 많은 관심을 갖다보니 자연히 수행을 직접 하고 있거나 체험했다고 하는 여러 사람들을 만나 얘기를 들었지만 그 기준은 늘 불교 경전에 입각해야 한다고 여기고 있었다. 그 점은 지금도 변함없는 심정인데 부처님 말씀에 기준하여 모든 판단을 하다 보니 이름 있는 도인이 나타났다 할지라도 일종의 편협된 병일지는 모르겠지만 무조건 껌벅하고 조아려지지 않는 것이다.

불경 강의도 그렇다. 스님이나 학자들의 강의를 듣는데도 군살없이 경전에서 부처님이 말씀하신 그대로를 전달해 주시는 분을 찾아 다녔다. 듣기에는 좀 따분할지 모르지만 진짜 국물은 중생들 듣기 좋은 말솜씨에 있는 것이 아니라고 여겼기 때문이었다. 아무튼 필자의 좀 고집스러운 경전 제일주의적 신행관은 흥국사 밑에 살던 시절 덜 익은 수행에서도 나타났다.

어느날의 꿈

　그무렵 필자가 알고 있는 경구 중에 가장 의문스러웠던 내용이 한 구절 있었는데 그것은 바로 『화엄경』 사구게(四句偈)였다. 독자들도 알다시피 화엄경 사구게는 "약인욕료지 삼세일체불 응관법계성 일체유심조(若人欲了知, 三世一切佛, 應觀法界性, 一切唯心造)"로서 '만약 사람들이 과거 현재 미래의 부처들을 알고 싶거든 마땅히 법계의 근원을 꿰뚫어 볼지니, 그것은 다름아닌 모든 것이 마음으로 지어졌음이라'는 뜻이다.

　범부들의 세간적 지식으로써는 도무지 풀래야 풀 수 없는 이 말씀은 필자에게 예외는 아니었다. "세상이 내 육신과 내 마음을 형성시켰지 어째서 내 마음이 세상의 모든 것을 만들었다고 하는가"하는 의심과 더불어 "그럼 세상을 창조한 하나님이 내 마음 안에 있다는 말인가"하는 의문도 들었다.

　이러한 의심은 지금도 큰 숙제로 남아 있지만 한 가지 나름대로 이해한 것은 "내 마음과 세상의 관계를 불교에서는 세상이 먼저이고 내 마음이 나중이라거나, 내 마음이 먼저이고 세상이 나중이라는 식의 시간적·역사적 선후나 차별에 두지 않고 이것 역시 연기성인 것으로 보고 있구나"하는 점과 "세간의 모든 것이 내 마음 안에서 일고 꺼지면서 온갖 조작을 하는 것일 뿐 마음 밖의 살림들이 아니요, 인연들이 아니구나"하는 해석을 내리고 있다.

　그러나 그때는 이러한 이해조차도 제대로 하지 못하였던 터라 답답한 심정에 이분저분에게 물을 수밖에 없었는데 그 결과는 마찬가지였다. 사실 그때 필자가 절실하게 얻고 싶었던 답은 삼세의 부처님들이 어떠한 방법으로 법계의 성품을 꿰뚫어 보셨는가 하는 점이었는데 그만 어른들이 일러주심을 듣는 필자의 귀가 바로 뚫리지 않은 탓으로 답을 찾지 못하였던 것이다. 그래서 생각하다 못해 필자가 나름대로 찾아낸 방법이 있었는데, 그게 뭐냐 하면 일체유심조, 즉 모든 것은 마음이 지었다는 말씀을 계속 암송하고 생활에 일일이 접목시켜 보는 것이었다.

'일체유심조, 일체유심조, 일체유심조…' 이런 식으로 하기도 하고 이것도 내 마음이 만들었고 저것도 내 마음이 만들었고, 그것도 내 마음이 만들었다는 방법으로 하기도 했다. 보고 듣는 사람이 되었건 소리가 되었건 모든 경계를 내 마음이 만들었다는 식으로 계속 생각을 지어갔는데 나중에는 밥을 보고도 '이것도 내 마음' 하는 마음으로 먹고 삼켰다. 물론 차를 타고 길을 걸을 때에도 그 마음은 계속되었다.

그런데 이러한 방법으로 마음을 길들이기 시작한 지 7개월 가량이 된 겨울 어느날, 한 칸 방에서 잠을 자다 꿈을 꾸게 되었다. 어느 조사스님의 말씀대로 꿈이 생시요, 생시가 꿈이라 낮에 하던 습은 꿈속에서도 되풀이되는 법, 필자는 꿈속에서도 그 마음을 계속 지어가고 있었다. 마치 생시에 하던 그 모습 그대로를.

바바리 코트를 입고 가방을 들고 추워서 목을 움추린 채로 북한산 입구에서 시내 버스를 내린 다음 불이 캄캄하게 꺼진 숲속 같은 빈집을 향해서 어두운 밤길을 걸어가고 있었다. 그러면서 필자는 연신 "모든 것은 마음이 지

은 것이다"라는 일념을 역시 계속하는 것이었다. 생시처럼 낯익은 개울 징검
다리를 건너고 향나무 조경밭을 지나면서도 그 생각은 끊이지 않았다.

지금도 북한산 입구에서 버스를 내려 흥국사를 향해 걷다 보면 아주 조그
마한 시멘트로 놓은 개울 다리를 지나게 된다. 필자의 꿈속에서의 일은 바로
여기에서 벌어진 것이다. 그러니까 필자가 눈이 쌓인 그 조그마한 다리를 막
지나가는 참이었다. 그런데 갑자기 다리 밑에서 덩치가 아주 크고 흉폭하게
생긴 강도 셋이 후다닥 뛰어올라 오더니만 필자를 에워싸면서 돈을 내놓으
라는 것이었다.

필자가 돈이 있을 리 만무였다. 기껏해야 법회해 주고 받은 보시금 몇 푼,
그것도 차비하다 보면 호주머니가 가벼워지기 일쑤였다. 생시처럼 "나는 돈
이 없소"하고 대답하니 꿈속의 괴한 하나가 내 호주머니를 뒤지는 것이었다.
그러더니 오백 원짜리 동전 한 닢을 꺼내들고 "너 무엇하는 놈이냐"고 물었
다. "나는 부처님 말씀을 전하는 법사다"라고 대답하자 괴한이 "부처님 찾는
놈이 거짓말 하느냐. 돈 오백 원은 돈이 아니냐"하더니 어디선가 길다란 송
곳을 빼는 것이 아닌가.

하지만 이때까지만 해도 필자의 마음은 태연 자약, 비록 꿈인 줄 모르는
꿈속이었지만 그들에 대한 공포심은 없었다. '저것들도 내 마음이 지은 것인
데 무얼' 하는 마음이 굳어서였을까? 아니면 생시가 아닌 꿈속일이라 그랬을
까? 그러나 뒤이어 벌어진 꿈속의 상황은 필자의 관념화된 믿음의 한계를 송
두리째 흔들어 놓고 말았다. 바로 꿈속의 괴한이 "너 같은 놈은 죽어야 돼"하

면서 송곳으로 필자의 왼쪽 허리를 찌르는 순간이었다. 뜨끔하는 아픔과 함께 내 마음 속에 나는 죽는구나, 하는 마음이 엄습했고 뒤이어 엄청난 공포와 함께 큰 울부짖음이 일어났다.

어떤 그물에 걸리지 않는가

거기에는 『화엄경』 「사구게」도 없고 법사도 없었다. 오직 큰 공포만 있었을 뿐. 그 충격에 잠인지 꿈인지에서 깨어나니 새벽녘이었는데 그때의 허전함은 지금도 잊혀지지를 않는다. 사람이 수행이 깊어지면 생시와 꿈속의 경계가 하나로 이어지고 살아 있을 때와 임종할 때의 경계에 차별이 없어진다고 한다. 그렇다면 필자에겐 그때 무엇이 부족했을까? 물론 여러 가지가 다 부족했다고 본다. 우선은 '응관법계성과 일체유심조'에 대한 이해도 부족했고, 그 하나의 진실된 말씀조차도 하잘것 없는 꿈속의 홀림 앞에 지키지 못할 만큼 신심이 부족했다. 필자는 부처님의 말씀을 그저 생각으로만 이해하고 믿으면서 하나로 만들려고 한 것이다. 이 얼마나 어리석은가. 법계의 본질을 본다는 것은 짓고 부수는 마음을 관하라는 뜻이다.

왜냐하면 마음속 살림살이가 곧 법계 그 자체이기 때문이다. 그러니까 자신의 마음을 바로 보는 것이 법계를 본다는 뜻이요, 자신의 마음 속에 들어 있는 일체의 인연, 일체의 가치, 일체의 경험, 일체의 생각들이 모두 허깨비 같고 그림자 같은 줄을 바로 아는 것이 법계의 본질을 안다는 뜻이다.

이제 와서 볼 때 『화엄경』 「사구게」의 맨마지막 게송 '일체유심조' 중 이

'심조(心造)' 즉 마음 짓거리를 바로 보는 공부가 중요한 것이다. 마음(心)이 짓거리(造)를 하므로 선과 악이 나타나고 지옥과 천당이 나뉘어지고 삶과 죽음이 갈라지고 너와 내가 마주하고 있어 온갖 어지러움이 생겼으니 법계도 이 심조(心造)로 말미암아 존재하는 것이다.

그렇다면 과연 심조(心造=마음 짓거리)는 바람직한 것일까? 바람직하지 못한 것일까? 그리고 만약 우리가 마음 짓거리를 멈춘다면 어떻게 될까? 어떤 사람이건 짓고 부수기를 쉴 사이 없이 계속하는 자신의 마음작용을 자세히 관찰하여 그 성질이 비어 있음을 알았다면 그 답은 얻어질 것이라고 믿어마지 않는다. 필자가 과거 법계의 근본인 이 마음 짓거리(心造)를 관찰하지 않고 일체는 마음이 지었다는 구절에만 얽매었다가 꿈속의 경계를 당한 것도 또한 다르게 보면 얼마든지 좋게 해석될 수도 있다고 본다.

수행의 길은 결코 쉬운 일이 아니다. 무조건 열심히 한다고만 해서 되는 것도 아니다. 자신도 채 알지 못하고 있는 그릇된 소견을 얼마만큼 빨리 찾아내어 바르게 정립하느냐 하는 것도 매우 중요한 일인 것이다.

중국 당나라 때의 고승 대주 혜해(大株慧海) 선사는 온광(蘊光)이라는 수행자에게 다음과 같은 견해로써 수행인이 지녀야 할 자세에 대해서 설하고 있다.

"… 탐욕이 깊은 이는 근기가 얕아 깨치지 못하고, 시비를 다투는 이는 결코 통하지 못하며, 경계를 당하여 마음이 일어나는 이는 선정이 부족하고… 남들에게 오만한 이는 '나'라는 생각이 강하고 … 이론으로 따져 증득하려는 이는 더욱 막히고, 고행으로 부처를 구하는 이는 모두 미혹하고, 마음을 떠나서 부처를 구하는 이는 외도이고, 마음에 집착하여 부처를 구하는 이는 마귀이다"라고 했다. 우리들의 마음은 일고 꺼지는 두터운 구름과 같고, 부처의 경지·정토의 세계는 걸릴 것도 막힐 것도 없는 허공과 같다. 일체의 관념, 일체의 허상을 여읜 진면목인 참나를 찾는데 무엇이 자신을 덮고 있는지를 발견하는 일부터 성불 공부는 시작되는 것이다.

정떨어지는 공부

평소 존경해 오던 노교수님을 조계사 부근의 찻집에서 뜻하지 않게 뵙게 되었다. 동국대학교 불교대학에서 오랫동안 계시다 몇 년 전에 퇴임하신 분이다.

너무나 반가워서 저녁을 대접하게 되었는데 음식을 드시면서 이런저런 말씀을 하시던 중 필자에게 "혹시 이 법사는 정떨어지는 얘기를 들어본 적이 있어요?"하고 물으시는 것이었다. 느닷없는 교수님의 질문에 필자가 "정떨어지는 얘기라니요, 제가 잘 못알아 듣겠습니다"라고 답하자 "그럼 내가 정말 정떨어지는 얘기를 해 볼까요? 이 이야기는 들을 때는 별게 아니었지만 지금까지 살아오면서 실감나게 두고두고 되씹게 되는 그런 얘기예요"하면서 들려주는 것이었다.

『본생담』 이야기

옛날에 어떤 젊은이가 부모님의 슬하를 떠나 세상의 온갖 학문을 다 익혀 보겠다고 스승을 찾아 공부를 하기로 했다. 그야말로 인생의 삶이 무엇이며 어떠한 것인지, 그리고 가장 가치 있고 행복한 것이 있다면 어떠한 것인지를 알기 위해서였던 것이다. 총명했던 그 젊은이는 다행히 훌륭하신 스승을 만나 그 스승으로부터 자신이 배우고자 했던 모든 학문을 다 배우고는 몇 년 만에 자신의 고향으로 돌아왔다. 그리고 돌아온 젊은이는 자신의 부모님께 제가 덕이 높고 학식이 뛰어나신 스승을 만나 인간과 세상의 모든 이치를 다 배우고 왔노라 하고 인사를 드렸다.

그런데 돌아온 아들의 말을 듣고 있던 그 젊은이의 어머니가 하는 말이 "애야, 네가 그렇게 훌륭하신 분에게서 많은 공부를 했다면 틀림없이 정(情) 떨어지는 공부도 배워 왔겠구나. 다른 것은 그만두고 정떨어지는 공부가 무엇인지 배워 왔다면 이 에미한테 좀 들려다오"하는 것이었다.

어머니의 이런 말에 젊은이는 그만 당황할 수밖에 없었다. 사실 이 세상 학문 가운데에 정떨어지는 공부가 어디에 있는가. 그래서 젊은이는 "어머니 정떨어지는 공부라니요, 그런 공부도 있습니까. 저는 처음 듣는 말입니다"하고 대답을 하니 어머니 말이 "저런, 너는 여태까지 많은 공부를 했다면서도 정작 가장 중요한 정떨어지는 공부를 안했단 말이냐. 그 정떨어지는 공부가 무엇인지를 배우지 않았다면 인생의 모든 것을 알았다고 할 수 없느니라. 속히 다시 그 스승님을 찾아가서 그 공부를 마저 해 가지고 오너라"하시는 것이었다.

어머니의 이 말에 젊은이는 하는 수 없이 그 길로 정말 정떨어지는 공부도 있는가 싶어 자신을 가르쳐 준 스승에게로 찾아 갔는데 이게 웬일인가. 막상 찾아간 스승의 집에는 아무도 살지 않는 빈집이 되어 버린 것이다.

젊은이는 자기가 고향을 다녀오는 동안 스승에게 무슨 일이 일어났었나 싶어 동네 사람들에게 스승의 동향을 물었다. 그랬더니 동네 사람의 말이 당신의 스승은 당신이 떠나간 후 어머니를 업고 산 속에 들어가더라고 하면서, 스승이 들어갔다고 하는 산골짜기를 가리켜 주는 것이다. 이에 젊은이는 산 속에 들어가 자기 스승이 있을 만한 곳을 뒤지기 시작했는데 동네 사람 말대로 스승이 나무를 베어 초막집을 만들고 살고 있는 것을 발견했다. 제자인 젊은이를 본 스승은 깜짝 놀랐다. 그러면서 "왜 다시 날 찾아 왔느냐"고 물었다.

이에 젊은이는 자기가 다시 찾아온 연유를 말하자 "얘야, 너도 알다시피 나에게는 앞을 보지 못하는 늙은 어머니가 계시지 않느냐? 그동안 나도 인생이 무엇인지를 알아보겠다고 천하를 주유(周遊)하며 공부도 했고 자네 같은 제자를 만나 내가 가지고 있던 모든 학문을 전해 주게 되었으니, 내가 할 일이 무엇이 있겠느냐?

해서 자네가 떠나고 난 뒤 오로지 내가 할 일이 있다면 여생이 얼마 남지 않으신 불쌍한 우리 노모님께 효도하는 일밖에는 없구나 싶어 이렇게 산 속에 은거하여 살아가고 있는 것이다. 그런데 네가 예기치 않게 그런 이상한 공부를 마저 하러 왔다니… 얘야, 이건 정말 가르쳐 주기도 어렵고 터득하기도 어려우려니와 그렇게 되기도 참으로 어려우니라. 그런데도 꼭 그 정떨어지는 공부를 해야만 된다는 것이냐?"

젊은이는 스승의 이같은 말에 반드시 해야만 된다고 대답하였다.

　그러자 스승은 "알았다. 내가 참다운 스승이라면 그 하나의 진실도 알려주어야 되겠지. 그렇다면 지금부터 내가 시키는 대로 해야 될 일이 있다. 그것은 다름 아닌 눈이 멀어 앞이 안 보이시는 내 노모님을 목욕시켜 드리는 일이다. 너는 오늘부터 내 대신 물을 알맞게 데워 하루도 빠짐 없이 목욕을 시켜드려라. 그리고 특히 몸을 씻어 드리면서 이 말을 꼭 때때마다 빼놓지 말고 해야 된다. "참으로 우리 노모님 살빛도 고우시고 아름다우십니다' 라고 말이다. 이 말은 우리 노모님이 네가 하는 말에 대해서 대꾸를 하시건 안 하시건 해야 된다"라는 이상한 분부를 내리는 것이었다.

　그래서 젊은이는 그날부터 눈먼 스승의 노모를 정성껏 목욕시키기 시작했다. 물론 목욕을 시키면서 노모의 자태를 칭찬하는 일을 빼놓지 않았는데 노모는 그저 목욕에만 응할 뿐 이렇다 할 어떠한 말도 하지 않았다.

　세월은 흘러 이렇게 하기를 얼마나 했을까. 어느날이었다. 스승이 하루는 젊은이를 부르는 것이었다. 스승은 "애야. 그동안 네가 우리 어머님의 몸을 하루도 빼놓지 않고 정성껏 씻어드렸지만 어머님은 너에게 어떠한 말도 하시지 않으셨다. 그러나 오늘은 다르실 것이다. 오늘은 우리 어머님께서 너에게 단 한 마디의 말을 물으실 것이다. 그러면 너는 무조건 그렇다고 대답해야 한다"라고 하는 것이었다.

　젊은이는 그러마 하고는 노모에게로 가서 평소처럼 목욕을 시키고 자태를 칭찬했다. 그런데 아니나 다를까. 스승의 말대로 그날은 노모가 젊은이를 향해 묻는 것이었다.

"여보게 자네 그 말이 사실인가?"

젊은이는 스승이 시키는 대로 대답했다. "네, 노모님 제가 어찌 거짓을 말하겠습니까? 노모님의 모습은 참으로 고우시고 예쁘십니다."

이 대답을 들은 노모는 한숨을 크게 쉬었다. 이후 젊은이는 스승에게로 가서 노모와 있었던 대화를 전했다. 그러자 스승은 또 말하는 것이었다. "내일은 우리 노모님께서 너에게 또 물으실 것이다. 그러면 너는 그렇다고 다시 대답하여라." 역시 스승의 말대로였다. 목욕을 마친 노모는 또 묻는 것이었다.

"자네 혹시 나를 좋아 하나?"

이같은 물음에 젊은이도 대답했다.

"그렇습니다. 노모님. 저도 모르는 사이에 노모님을 좋아하게 되었습니다."

이 대답을 들은 노모가 이번에는 고개를 끄덕였다. 그리고 며칠이 지나서였다. 스승은 젊은이를 향해 이번에는 다음처럼 말하는 것이었다.

"자, 오늘은 우리 어머님께서 다시 물으실 것이다. 그러면 너는 내 핑계를 대고 안 된다고 대답해 드려라."

그날도 예외는 아니었다. 노모는 젊은이를 부르더니 "여보게 자네 말이 사실이라면 나하고 사랑도 나눌 수 있겠구먼"하고 말하는 것이었다. 젊은이는 스승이 시킨대로 "노모님, 제가 노모님을 사랑합니다만 스승이 계신데 어찌 스승의 어머님과 사랑을 나눌 수가 있겠습니까? 그것은 안 될 말입니다"라고 거부하였다.

이튿날이었다. 스승은 또 젊은이에게 말했다.

"얘야, 오늘은 우리 어머님이 너에게 어떤 청을 할 것이다. 그러면 그대로 실행해 드려라."

아니나 다를까. 목욕이 끝나자 노모가 이번에는 고백하듯이 말하는 것이었다.

"여보게 나는 자네도 알다시피 태어나면서부터 앞이 안 보이는 장님일세. 자네가 내 모습에 대해서 곱고 아름답다고 하지만 나는 알지 못하네. 내 남편은 자네의 스승인 아들을 낳고는 얼마 안 있어 죽었지. 자네, 나를 진실로 사랑을 하는데 내 아들 때문에 그 사랑은 나눌 수 없다고 했겠다. 내가 자네에게 부탁을 할테니 들어주겠지?"

젊은이는 조심스런 마음으로 "하겠습니다"라고 약속했다. 노모가 말했다.

"오늘 저녁에 나에게 오른손에는 도끼를 갖다 쥐어 주고 왼손에는 실타래를 쥐어 주게. 할 수 있겠지?"

젊은이는 겁이 덜컥 났다. 하지만 이미 주어진 행로인 것을 어찌하랴.

곧 젊은이는 스승을 찾아 이 말을 고했다. 스승은 예상하고 있었다. 스승은 알았다고 하더니 날이 선 도끼와 실꾸러미를 쥐어 주고선 자신의 방으로 젊은이를 데리고 가더니 통나무 한 개를 침상 베개에 놓아 이불로 덮는 것이었다. 이윽고 밤이 되었고 젊은이는 약속한 대로 노모에게 도끼와 실을 쥐어 주었다. 노모가 말했다.

"자, 이 실을 풀어 우리 아들이 자고 있는 베개에다 묶어주고 오게."

젊은이는 시키는 대로 노모가 쥐고 있는 실을 풀어 스승의 방에 들어가 그대로 시행하고 돌아왔다. 노모가 중얼거리듯 말했다.

"정녕 우리 아들이 있어 사랑을 나눌 수 없다고 했겠다."

그러더니 노모는 한 손에 도끼를 든 채로 풀어진 실을 따라 아들의 방으로 향하는 것이었다. 젊은이는 노모의 행동을 좇아갔다. 스승의 방에 들어섰다. 그때 스승은 침구의 한편에 서 있었고 숨을 죽이며 자신의 어머님을 지켜보았다. 실을 따라 베개를 확인한 노모는 도끼를 쳐들었다. 그리고는 자신의 아들 아닌 통나무를 향해 내리쳤다. 그때였다. 순간 단 한 마디 아주 태연한 음성이 흘러나왔다.

"어머님 왜 이러세요"

스승의 말소리였다. 뿐만 아니었다. 이 소리에 놀란 노모는 너무도 큰 충격을 받아 그 자리에서 쓰러져 숨이 끊어져 버렸다. 그리고 젊은이는 혼비백산한 마음으로 몸을 떨며 스승을 바라보았다. 스승은 "애야, 우리 어머니가 돌아가실 때가 되어 아마 이와 같은 마음을 잡수신 것 같다. 자 이것이야말로 정떨어지는 일이 아니겠느냐. 이제 너는 집으로 돌아가거라"

스승의 담담한(?) 가르침이었다.

두 가지 정 떨어지는 공부

노교수님은 여기서 얘기를 끝내면서 "이법사. 이 내용은 말이요, 부처님의 전생기록인 『본생담(本生譚)』에 나오는 말씀이거든" 하셨다. 필자는 사실 이 말을 듣고 별 감동을 받지 못했었다. 옛날 얘기 같고 결론 없는 얘기 같고 착잡한 얘기 같았다. 하지만 노교수님 말씀대로 들을 때는 별게 아닌 것 같았는데 그에 대한 맛은 두고두고 느끼게 되는 것이었다.

이 설화 속에는 어떠한 인생의 이치가 숨겨 있을까. 우선 누가 누구한테 정이 떨어졌다는 말인가? 스승이 자신의 노모에게 정이 떨어졌다는 말인가. 노모가 자신의 아들에게 정이 떨어졌다는 말인가. 젊은이가 노모나 스승에게 정이 떨어졌다는 말인가. 그리고 저 설화는 무엇을 의미하는가? 자신의 어머님을 희생시켜 제자를 가르친 그 스승은 올바른 스승인가. 참으로 보통 사람들로서는 이해하기 힘든 상식 밖의 얘기임에는 틀림없다.

그러나 필자는 여기서 두어 가지 정도의 큰 교훈을 얻었다고 말하고 싶다. 하나는 인간의 욕구에 관해서이다. 부처님의 전생담이 우리에게 말하려 하는 것은 인간의 욕구는 그 뿌리가 매우 깊다는 사실이다. 비록 눈이 멀고 나이가 많아 인간의 이성(異性) 욕구가 없을 것 같았던 노모의 마음이었지만 끊임없는 외부의 접촉과 관심에 인간 내면에 숨겨져 있던 욕망이 일어난 것이다.

그 욕망은 인간의 가장 큰 윤리의 근간이라 할 수 있는 천륜의 관계마저도 깨뜨리는 힘을 낳았다.

이러한 면은 누구에게나 적용된다고 할 수 있다. 중생 모두에게는 자신의 욕망을 위해서는 세상의 윤리와 도덕을 버리게 할 수 있는 가능성이 내재되어 있다. 재산과 사랑 때문에 부모가 자식을 죽일 수도 있고, 욕정 때문에 아비가 딸을 겁탈할 수 있으며, 아들이 어미를 욕보일 수가 있다. 너무 비약된 생각일지 모르겠으나 욕망은 천륜보다 훨씬 강한 것이다.

그러므로 늙은 노모가 사랑하는 자식의 몸에 도끼를 내리친 것은 중생의 욕망에 입각한 천륜의 정이 떨어진 것이라면 애욕에 의해 파생된 늙은 어머니의 행위를 지켜본 자식의 정은 인간의 본질을 이미 진작부터 파악한 욕망을 벗어난 성인의 정떨어짐으로 볼 수 있다. 똑같은 정떨어짐에도 인간의 욕구 안에서의 정떨어짐이 있고 인간의 욕구가 본래는 허망한 것이고 거짓된 것이라고 보는 정떨어짐이 있는 것이다. 이렇게 볼 때 불교의 출가는 확실히 천륜의 굴레마저도 벗어나 보겠다는 거대한 도전이며, 수행은 모름지기 내재된 본능의 찌꺼기까지도 씻어내겠다는 정화작업이다.

우리 중생들은 늘 진실하게 살아야 한다고 가르치고 있고 또 말하고 있다.

그 진실이란 과연 무엇인가. 부모가 자식을 사랑하는 진실, 자식이 부모를 믿는 진실, 부부간 사랑의 진실, 친지나 친구간의 진실, 신에 대한 인간의 복종이라는 진실 등 이러한 진실들의 정체는 과연 무엇일까. 아마도 저 『본생담』에서 제시하려는 뜻은 한 마디로 중생계의 진실은 그것이 무엇이 되었든 간에 모두가 하나의 테두리 안에 있는 욕망에 입각한 '한정된 진실'이라고 할 수 있다. 그렇기 때문에 그것은 항상 변할 수 있고 바뀔 수 있고 왜곡될 수 있다.

여기서 필자는 세상의 모든 윤리와 사랑을 거부한다거나 무가치하다고 말하는 것은 아니다. 다만 중생들이 흔히 말하는 진실입네, 사랑입네 하는 것이 참다운 진리가 될 수는 없다고 말하고 싶은 것이다.

그렇다면 지금 말한 '정떨어지는 공부'라는 것이 무엇을 깨닫게 하려는 것인지를 알 수 있을 것이다. 결국 이 세상의 모든 것은 중생들의 생각과 업이 만들어낸 가치 안에서의 진실일 뿐이므로 절대적인 것이 되지 못하고 본질적인 것이 되지 못한다. 네 마음도 내 마음도, 어린 아이의 마음도 어른의 마음도, 부모 자식간의 마음도 부부간의 마음도 그 바탕은 허깨비 같은 것일 수밖에 없다.

그렇다면 이 세상에 고정화시켜 집착하고 매달리고 끌어안을 그 무엇이 있을까. 정 떨어지는 공부는 바로 이것을 깨닫는 공부라고 말할 수 있다. 세상의 모든 학문도 그 본질은 마찬가지이다. 그렇게 이 세상은 참으로 믿을 것이 없고 견고한 것이 없고 실다운 것이 없다는 믿음을 가지고 보면 부처님을 만날 수 있다고 하신 것이 『금강경』의 "범소유상이 개시허망하니 약견제상 비상하면 즉견여래(凡所有相 皆是虛妄 若見諸相非相 即見如來)"이고, "일체가 허깨비 같은 줄 믿고 알고 떠나야 깨달음을 본다"라고 하신 것이 『원각경』의 "지환즉리 이환즉각(知幻卽離 離幻卽覺)"이다.

　　무엇이 참이고 무엇이 거짓인고
　　참이다 거짓이다 모두가 헛것일세.
　　낙엽지고 안개 개인 맑은 가을날
　　언제나 푸르른 저 산을 보게.

근세의 고승 경허 선사의 말씀이다.

파계의 뇌관, 술

얼마 전 서울 강남지역에 위치한 모 포교당에 법회를 주관할 일이 생겨 어느 백화점 앞을 지나게 되었다. 넓은 주차장에는 많은 사람이 줄을 선 채 웅성거리며 버스를 타고 있었다. 모두가 대학생 차림의 젊은이들이었는데 버스에는 '○○맥주 ○○공장 방문단'이라고 쓴 현수막이 붙어 있었다.

호기심이 생겨 한 학생에게 "술 회사에는 무슨 일로 방문하느냐"고 물었더니 이번에 그 맥주회사에서 새로운 술을 개발했는데 그 술을 학생들에게 소개하기 위해 초청받았다는 것이었다. 그리고 방문하게 되면 새로나온 맥주를 푸짐한 음식과 함께 무료로 대접받게 됨은 물론 선물과 기념품까지 받으니 견학겸, 놀이겸 가는 것이라고 대답했다.

개인, 가정, 사회의 파탄을 부르는 술

사실 이 일이 아니더라도 요즘 들어 부쩍 텔레비젼이나 신문 등에 술광고가 눈에 띄게 많아진 것을 볼 수 있다. 술에 대한 판촉경쟁은 어느 것보다도 치열하여 "지하 몇 백 미터에서 끌어올린 순수한 맥주"라느니, "천연원료로

249

만든 깨끗한 술"이라느니, "국내 유일이 비열처리 맥주"라느니 하면서 대문짝만한 전면 기사로 애주가들의 혀끝을 유혹하고 있다.

소주회사에서는 시판된 지 몇 달도 안 된 소주가 일억 병의 판매량을 넘어서게 됐다고 자랑하면서 소비자를 위한 사은회에 적극 참여해 줄 것을 호소한다. 더욱 안타까운 것은 이러한 광고에는 앳되고 젊은 여성들이 많이 등장하고 있다는 사실이다. 다리를 꼬고 매혹적인 포즈를 취한 갓 스물 넘어직한 인기 배우가 맥주를 들이키며 "부드럽게 넘어가요"라고 하는 데는 술에 대한 광고의 문제를 떠나 우리나라의 도덕적 가치기준이 어디만큼 와 있는 것인지가 혼란스러울 정도다.

과거에는 나이 많은 노인이라 할지라도 자기보다 윗사람 앞에서는 예의를 지켜 술을 함부로 마시는 일이 없었고 여성이 술을 마신다는 것 자체가 매우 부도덕한 행위로 인식되었다. 그러나 요즘에는 술 마시는 데에도 법도를 지켜야 한다는 옛어른들의 주도(酒道)정신은 이미 사라진 지 오래고 즐비하게 들어서 있는 술집에는 마시고 노래하는 사람들로 불야성을 이루고 있다. 늦은 시간에 밤길을 지나다 보면 술에 만취된 채 쓰러진 젊디젊은 남녀들을 어렵지 않게 발견할 수 있다.

실제로 몇 달 전에는 고교입시를 백일 앞둔 여중생 다섯 명이 이른바 백일주라는 술을 마시고 취중에 물에 들어갔다가 익사한 사건이 벌어지기도 했다. 이렇게 술은 이제 남녀노소를 가리지 않고 아주 빠른 속도로 퍼져나가면서 적지 않은 사회문제를 일으키고 있다.

마약이나 환각제, 흡연 등은 이미 그 폐해가 입증되어 경각심과 함께 정책 당국이나 일반 국민들 사이에서도 대책이 강구되고 계몽운동이 일곤 하지만 술문제에 대해서 만큼은 그 심각성을 인식하지 못하고 있는 것 같다. 알콜 중독 문제를 연구하는 사람의 말에 따르면 우리나라에 음주로 인한 알콜 중독자의 수효가 200만 명을 넘어섰다.

그리고 음주로 인한 개인적, 가정적, 사회적 폐해는 심각할 정도여서 여러 가지 질병 유발로 인한 조기 사망은 물론 가족폭행, 음주운전 사고, 각종 우발 범죄 등을 낳아 가정파탄과 사회혼란을 유발시키고 있다고 한다. 이런 점에 비추어볼 때 우리 불교가 앞장서서 음주 문제를 진단해 보고 경각심을 일깨워 술로 인한 피해가 확산되지 않도록 주의를 환기시켜야 함은 너무도 당연한 일이다.

'바다보다 술독에 빠져 죽은 이들이 많다'

술은 언제부터 만들어졌는지 정확하게 알 수 없지만 인류의 형성과 더불어 원시시대부터 자연발생적으로 생겼으리라고 추측한다. 글자가 생기기 훨씬 이전부터 있었다는 것이 중국 은대의 유적에서 술빚는 항아리가 발견됨으로써 증명되고 있다.

일설에는 원숭이들이 나무둥지나 돌이 파인 곳에 잘익은 산포도나 머루 등의 과일을 담아두어 발효된 것을 사람들이 발견하여 먹기 시작했다는 이야기가 있다. 이집트 신화에는 천지(天地)의 신이며 최고의 여신인 이시스

(Isis)의 남편 오시리스(Osiris)가 보리로 맥주 만드는 법을 가르쳤다고 씌어 있으며, 그리이스의 신화에는 디오니소스(Dionysos)가 술의 시조로서 포도주를 만들었다고 씌어 있다. 우리 나라에서는 고구려의 시조 동명성왕 건국담에 술에 대한 얘기가 나오고 있다.

그리고 이스라엘의 종교 역사서인 구약에는 노아(Noah)가 세계 최초로 술을 빚었으며 종교서인 베다(Veda)에도 신들을 찬미하는 내용 가운데 소마(Soma)라는 주신(酒神)이 등장하는 것으로 보아 술을 신이 인간에게 내린 최대의 선물로 여기고 있음을 알 수 있다. 아마 인류가 먹고 마시는 것들 가운데서 술처럼 그 종류가 다양하고 마력 있는 음식도 없을 것이다.

"주막에 가본 적이 없는 자는 주막이 얼마나 낙원인지 모른다"고 말한 롱펠로우 같은 술 예찬론자가 있는가 하면, "술먹는 자는 바보의 혀와 악한의 심장을 가지고 있다"고 말한 T. 풀러 같은 비판론자도 있다.

술은 인간의 마음에 희·노·애·락을 불러일으키는 힘을 지니고 있어 때로는 흥을 돋구고 시름을 달래주며 괴로움을 잊게 한다. 그러나 술 때문에 나라를 망치고 목숨을 빼앗기며 온갖 죄악을 저지르는 일들도 허다했다. 바다에 빠져 죽은 자보다 술에 빠져 죽은 자가 더 많다는 말처럼 술은 분명히 인간의 본심을 들뜨게 하고 불행을 초래한다.

만들지도 팔지도 마시지도 말라

우리 불교에서는 술을 절대 가까이 해서는 안 될 것으로 규정하고 있다.

불문(佛門)에 귀의한 신도들이 지켜야 할 5계 가운데도 불음주계(不飮酒戒)가 들어 있어 술마시는 것을 근본적으로 막고 있다.

부처님께서 "술은 지혜와 좋은 뿌리를 없애고 진리의 보배를 모두 잃게 하니 큰 도끼와 같다"고 『정법염처경』에서 경고하셨듯 술은 모든 악의 근본이 된다. 마땅히 이를 끊음으로써 죄를 멀리하라고 『열반경』에서도 말씀하셨다.

또 『사분율』(四分律, 상좌의 근본 4대계율서의 하나)에 보면 술을 먹음으로써 나타나는 여덟 가지의 과실을 설하고 있는데 부처님이 아난다에게 말씀하시길, "무릇 술을 마시는 이는 여덟 가지의 허물이 있다. 첫째는 얼굴 빛이 나빠지고 두번째는 힘이 없어지며 세번째는 눈에 보이는 것이 분명치 않다. 네번째는 성내는 모습으로 얼굴이 변하고, 다섯번째는 사업과 가정을 파괴하고, 여섯번째는 몸에 병이 생기며, 일곱번째는 싸움이 늘고, 여덟번째는 죽어서 나쁜 세계에 떨어지는 것이니 지금부터 여래를 스승으로 삼은 이들은 술 속에 넣었던 풀과 나무 끝조차도 입에 대지 말라"고 하셨다.

그리고 대승 계율서인 『범망경』에 보면 "불자들아 어찌 짐짓 술을 마시는 가. 술은 그 허물이 한량없이 많으니라. 자기 손으로 마시면 5백 생 동안을 손 없는 중생으로 태어나는 과보를 받는데 하물며 스스로 마시겠는가. 모든 사람들에게 술을 마시지 않게 해야 하겠거늘 어찌 스스로 마시겠는가. 온갖 술을 마시지 말지니 만일 자신이 마시거나 남으로 하여금 마시게 하면 큰 죄가 되느니라"라고 하여 남이 술을 먹는 것까지도 말리라고 하셨다.

뿐만 아니라 술을 만드는 일에 대해서도 단호히 만류하셨는데 역시 『범망경』에 보면 "불자들아. 자신이 직접 술을 팔거나, 남을 시켜 팔거나, 술을 파는 원인을 제공하거나, 술을 파는 조건을 만들거나, 술을 파는 방법이나 술을 파는 업을 짓지 말라. 술은 죄를 저지르는 인연이니라. 보살은 으레 온갖 중생들에게 밝은 지혜를 깨닫게 해야 할 터인즉 온갖 중생에게 술로 인해 뒤바뀐 마음을 내게 한다면 이는 중한 죄가 되느니라"라고 하셨다.

그 밖에도 『지도론(智度論)』이나 『유가사지론』, 『분별선악소기경』 등에서 술의 과실에 대해 구체적으로 설명하고 있다.

이렇게 불교에서는 술을 마시는 것은 물론, 술을 팔거나 제조하는 것도 절대로 금하도록 가르치고 있다. 이 때문에 일반 사람, 특히 남자들은 절에 다니고 싶어도 "술먹지 말라"는 말 때문에 못가겠다고 볼멘소리하는 경우가 있는가 하면, 신심 꽤나 깊다는 거사들도 다른 계율은 몰라도 불음주계만은 지킬 자신이 없다고 털어 놓는다.

파계의 계기가 되는 음주

옛날에 어떤 수행자가 혼자 암자에서 도를 닦고 있었는데 술을 마시면 취한다는 말을 듣고 항상 궁금해 했다. 어느날 기회를 만들어 몰래 술을 구해 취하도록 마시게 되었다.

그런데 그때 산 아래 마을에 있던 닭이 먹이를 찾아 암자에까지 올라 온 것이 눈에 띄었다. 취중에 그 수행자는 고기 생각이 불현듯 일어나 그만 그 닭을 잡아 삶아 먹어 버렸다.

조금 있으니 마을의 닭 주인인 젊은 아낙이 절에 찾아왔다. 자기네 닭이 이 절에 올라오지 않았느냐고 묻는데 이 수행자는 전혀 보지 못했다고 거짓 대답을 했다. 그러자 아낙은 고개를 갸우뚱하며 인사를 하고 마을로 돌아가려 했는데 그 순간 수행자의 마음에 욕심이 발동하여 닭 주인을 겁탈해 버렸다.

술을 먹지 말라는 한 가지 계를 어긴 것이 결과적으로 나머지 계를 다 깨뜨린 꼴이 된 것이다. 남의 닭을 훔쳤으니 투도 중죄요, 닭을 잡아 먹었으니 살생 중죄요, 닭을 보고는 못 보았다고 했으니 망어 중죄요, 아녀자를 겁탈했으니 사음 중죄이다.

"술은 독약이고 독수이며 독기가 된다. 모든 잘못의 시초이며 모든 악의 근본이고 현명함을 쫓아내고 성스러움을 깨뜨리며 도덕을 흐트리고 망령된 행위로 재앙에 이르러 화를 부르는 근본이 된다"고 한 경전이 말씀처럼, 이 일화 속에는 "술은 인간 내면 속에 잠재해 있는 억압을 끄집어 내고 죄를 짓게 하는 힘"을 불러일으키는 것으로 나타나 있다.

그런데, 이와 같은 원칙을 두고 불교신자들 사이에는 적지않은 심적 갈등을 느끼게 된다. 출가한 스님들이야 얼마든지 불음주계를 지킬 수 있고 극복할 수 있지만 세속에 사는 재가신도들에게는 그 문제가 간단치 않다.

특히 사업이나 생업관계로 사회활동을 하다보면 마시기 싫은 술을 마셔야 할 때도 있고 가기 싫은 술집도 가야 할 때가 있기 때문이다. 이러한 문제는 부처님 당시에도 있었다.

한 왕이 부처님께 찾아와 말했다.

"저는 정치를 하다 보면 국왕으로서 수많은 이웃나라의 왕들과 대신들을 만나게 되고 각종 대소 연회에도 참석해야 하는데 술을 먹지 말라는 계율을 지킬 수가 없습니다. 그래서 부처님께 거짓 약속을 하지 않기 위해 오계를 받지 않으려 합니다."

부처님은 왕에게 "그렇다면 그렇게 어쩔 수 없이 술을 마시게 되는 경우에는 맑은 정신을 지키도록 삼가해서 마실 것이며, 즐겨서 마시지 말 것이며, 생업을 가꾸는 방편으로 마실 것"을 당부하셨다.

또 술을 먹어도 계를 범함이 없는 경우가 있는데 어떠한 병이 생겼을 때 다른 약으로는 낫지 않고 술을 먹어야 나을 때라든지 술을 상처에 바르거나 해야 하는 등의 치유·치병의 목적이 있을 때는 음주가 가능하다는 말씀을 하셨다. 이는 생업상 어쩔 수 없는 경우나 치병·치유의 목적이 분명할 때는 음주가 가능할 수 있다는 상황윤리적 허락이라고 할 수 있다.

파계는 무엇으로도 합리화될 수 없어

불교의 목적은 자성청정과 국토장엄에 있다. 이는 자신의 마음을 밝혀 깨달음을 성취하고 중생과 국토를 즐겁고 이롭게 하며 부처님의 해탈공덕을 함께 누리게 하는 것이다. 이 일을 성취함에 가장 기본이 되는 것이 계(戒)를 지키는 행이다.

어떤 사람들은 술을 가리켜 '반야탕'이니 '곡차'니 하면서 마시기도 하고 고승들의 무애행을 흉내내면서 막행막식(莫行莫食)을 일삼기도 하지만 파계는 무엇으로도 합리화될 수 없다. 파계를 했다면 오직 참회만이 있을 뿐이다. 작은 악이라 하여 소홀히 하지 말라고 하셨지 않았는가. "그렇지만 한 잔 정도야." "심각하게 취하는 상태도 아닌데." "건강이나 살림살이에 큰 지장이 없을 만큼……" 하면서 불음주계의 고삐를 늦춘다면 스스로 악도의 경계를 지어 고통을 받게 될 것이 분명하다.

속상하고 억울한 일이 생기더라도 술이나 담배 등 심성을 해치는 음식으로 해소하려하지 말고 차(茶)를 마시거나 경전을 읽거나 참선 수행 등을 하여 자신을 극복하고 해결할 수 있어야 한다. 집착하고 얽매이게 하는 일체의 대상에 대하여 이 마음을 철저하게 다스릴 줄 아는 사람이 용맹심 있는 불제자라 할 수 있을 것이다.

수행으로 가는 길

●●●

초판 1쇄 발행 / 1997년 9월 22일
초판 1쇄 발행 / 1998년 6월 29일

지은이/이제열
펴낸이/장상건
발행처/대원정사
주 소/서울시 용산구 후암동 358 – 17
전 화/편집부 752 – 7047, 773 – 5731
        도서공급처(대원사) 757 – 6717~9
등 록/가 제3 – 69호

값 6,000원